Elogios para CONCIENCIA en el SILENCIO

"Uno de los temas más difíciles de abordar es el silencio. Más difícil aún es el escribir acerca de él. Esto se debe a que el silencio es un tema sin contenido, pero que, como el universo, lo contiene todo. La escritura de Cynthia Overweg es literatura clásica, fácil de leer y profundamente conmovedora. Este es un libro que no pude parar de leer por razón de que me transportó muy profundamente a mi interior."

— **R.E. Mark Lee,** autor de *World Teacher: The Life and Teaching of J. Krishnamurti*

"En este libro maravilloso, Cynthia Overweg nos da sugerencias sencillas y prácticas que pueden ayudar a la persona que busca a ser abrazada por el Silencio Misterioso que permea todo el cosmos. Tal y como ella señala, este Silencio o Sonido Insonoro ha bendecido con amor y deleite a los grandes sabios, poetas y músicos. Altamente recomendado."

— **Ravi Ravindra, PhD,** autor de *The Wisdom of Patañjali's Yoga*

"Este libro sereno, profundo y meditativo ayuda a calmar la mente y a abrirnos a la quietud que subyace al mundo de la substancia."

— **Richard Smoley,** autor de *Inner Christianity: A Guide to the Esoteric Tradition*

"Cynthia Overweg captura de manera hermosa lo que significa el saber quién somos y cómo nuestras vidas están vinculadas con todas las otras vidas, desde el más leve batido de una hoja al Fundamento del Ser. Ella hace esto de forma directa, tal y como es, sin que las palabras se interpongan. *Conciencia en el Silencio* es un libro sabio y transformará la manera en que usted ve el mundo."

— **Robert Ellwood, PhD,** autor de *Mysticism and Religion*

"*Conciencia en el Silencio* es exquisito. Nada es dejado fuera en este libro sabio e inspirador de Cynthia Overweg. Ella nos brinda una percepción muy sensible hacia una transformación interna, la cual proviene de un profundo escuchar y del Silencio Sagrado."

— **Bridget Blomfield, PhD,** autora de *The Language of Tears: My Journey into the World of Shi'i Muslim Women*

CONCIENCIA
en el
SILENCIO

CONCIENCIA en el SILENCIO

La Revelación Que Todo Lo Cambia

Cynthia Overweg

Traducción de la edición en inglés por
Fred Fernández Coll

In the Now Media LLC

Un libro publicado por
In the Now Media LLC
P.O. Box 233
Allyn, WA 98524, U.S.A.

Impreso en los Estados Unidos de América

CONCIENCIA en el SILENCIO: La Revelación Que Todo Lo Cambia

Derechos de Autor © 2021 por Cynthia Overweg

Todos los derechos reservados. Ninguna parte de este libro puede ser reproducida o transmitida de forma alguna o por ningún medio, electrónico o mecánico, incluyendo fotocopiar, grabar o por ningún sistema de almacenaje y recuperación de información, sin el consentimiento escrito de la casa publicadora.

NO AL ENTRENAMIENTO DE LAS IA: Sin limitar en modo alguno los derechos exclusivos del autor y del editor en virtud de los derechos de autor, queda expresamente prohibido cualquier uso de esta publicación para "entrenar" tecnologías de inteligencia artificial (IA) generativa para generar texto. El autor se reserva todos los derechos de licencia de uso de esta obra para el entrenamiento de IA generativa y el desarrollo de modelos lingüísticos de aprendizaje automático.

Primera edición en inglés 2021

Primera edición en español 2023

Traducido del inglés por Fred Fernández Coll

La imagen de la portada es obra de R.M. Nunes, i-Stock

Diseño de la portada es obra de Eroll Muslija

Biblioteca del Congreso, Número de Control: 2023908301

Meditación, Atención Plena, Espiritualidad

ISBN: 978-1-7370139-2-1 (edición en tapa blanda)

ISBN: 978-1-7370139-3-8 (edición electrónica)

*Para Cor, cuya presencia sabia y amorosa
hace que todo sea posible.*

Contenido

Prólogo a la Edición en Español	xv
Prólogo a la Edición en Inglés	xvii
Introducción: La Revelación del Silencio	1
La Presencia de la Conciencia en el Silencio	5
El Sonido del No Pensar	15
El Estar con la Tierra	27
La Sabiduría del Corazón	35
El Respiro de la Atención	45
Silencio y el Escuchar	51
El Escuchar de Formas Pasiva, Alerta y con el Corazón	57
Escuchar a los Árboles	77
El Silencio Intermedio	85
Percatarse del Escuchar	93
La Ternura del Silencio Nuestro viaje hasta ahora	101
Silencio y el Ver	109
El Ver de Formas Pasiva, Alerta y Silente	111
El Ver una Flor	133
La Otra Orilla	141
La Noche Oscura	149
Transformación	161
Vivir en Conciencia	169
La Canción del Cañón	175
Con Gratitud	187
Acerca de la Autora	189
Notas Finales	191

"El silencio es la gran revelación."
Lao Tzu

*Una mente silenciosa es una mente no violenta —
una mente en paz consigo misma.*

Prólogo a la Edición en Español

Traducir un libro como *"Silent Awareness"* se convierte en un reto para quien emprenda dicha tarea. La exquisita sensibilidad espiritual de su autora, Cynthia Overweg, y su singular habilidad para comunicar con sencillez, claridad y sabiduría poética, no es fácil de reproducir y mucho menos hacerlo en otro idioma.

Lo que se expone en la obra *Conciencia en el Silencio* nos puede despertar al poder sanador del silencio interno. Las vías principales hacia la conciencia en el silencio son mediante la calidad de nuestro escuchar y ver. Esto, sin embargo, no es lo mismo de lo que solemos hacer cuando miramos y oímos. Es solo mediante el escuchar y el ver de forma silenciosa, lo cual ocurre cuando tenemos una mente aquietada, que podemos profundizar dentro de nosotros mismos. Podemos acceder nuestra sabiduría propia aprendiendo el arte del silencio interno.

Las ideas que la autora nos da para nuestra práctica individual a manera de ejercicios, unido a su sabiduría personal y a la de sabios orientales y occidentales citados, hacen de este libro uno inmensamente útil para nuestro desarrollo espiritual. La ternura y delicadeza de la autora lo convierten en una fuente de amor.

Espero muy sinceramente que esta edición en español llegue a muchas personas de habla hispana. He traducido la misma con mucho esmero y dedicación, a modo de tratar de que no se pierda la magia que la autora impartió a las palabras.

— **Fred Fernández Coll**, Caguas, Puerto Rico, Mayo de 2023.

Prólogo a la Edición en Inglés

Existen pocos libros preciados escritos en lenguaje sencillo y sin la carga del cliché, que puedan servir de intermediarios con el Ser de Conciencia en el Silencio Este libro es uno de ellos. Escribiendo con prosa elegante, Cynthia Overweg es una docente confiable en la aventura del gran silencio. Ella comienza relatando unas experiencias comunes de quietud y calma. Luego nos induce a ir más profundo, llevándonos al mismísimo umbral místico donde las palabras comienzan a deshacerse. En un mundo de tumulto y ruido, ella se atreve a saltar allende el borde, a permitir que la fibra sanadora del Silencio nos alcance y nos arrope el alma. En pasos sencillos y lúcidos, sus palabras trazan un mapa silencioso que se encuentra más allá de la lógica del tiempo. Aquí fluye un río con afluentes calmados, donde toda rasgadura pasada se zurce nuevamente haciendo una pieza entera nueva, la cual no había existido anteriormente.

Las páginas del libro están diseñadas con arte y poseen ilustraciones hermosas, creando de esta forma un ambiente visual que faculta la contemplación profunda. El texto está dividido en secciones de fácil manejo, con pausas marcadas para la indagación personal y la introspección, haciendo del mismo uno ideal para las discusiones en grupo y las conversaciones en círculos de meditación.

Conciencia en el Silencio nos convida a una búsqueda, a una epifanía no de un lugar o persona, sino de un Ser luminoso y en quietud. Vamos viajando por el texto, recibiendo ánimo con la guía espiritual de muchos buscadores de la sabiduría y de la propia experiencia y percepción de la autora. El libro nos ofrece sabiduría ilustrativa proveniente de los linajes espirituales principales y en el mismo se nos hacen preguntas audaces. Cada cita y cada pregunta constituye un portal hacia un paraje interno rico en reflexión y Silencio. Retornaremos de tal peregrinaje más despiertos, sabios y conscientes. Me vienen a la mente rápidamente una docena de amigos a los cuales invitar a este peregrinaje. Sé que abasteceré la librería de nuestro Centro Christine con este libro, el cual identificaré como de "lectura obligada."

— **Gabriele Uhlein, OSF, PhD,** autora de *Meditations with Hildegard of Bingen* y Artista-residente en el Centro Christine, Willard, Wisconsin. (EE.UU).

Introducción: La Revelación del Silencio

"En el silencio total la mente se encuentra con lo eterno."

J. Krishnamurti

Existe un silencio que precede al tiempo. Estaba ahí antes de uno haber nacido y estará ahí cuando uno muera. Se dice que el Buddha lo llamó "espacio vacío, la morada de la mente que ha sido despertada." En el Libro de los Hechos se le denomina como el Silencio en el cual "vivimos, nos movemos y tenemos nuestro ser." Para el místico, el Silencio más profundo es la voz de lo eterno haciéndonos un llamado hacia la morada de nuestro verdadero ser.

Al Silencio que nos despierta hacia la realización de nuestra naturaleza verdadera se le ha referido también como Conciencia en el Silencio, lo Eterno, Dios, Mente Búdica, Conciencia del Cristo, Conciencia Universal, Silencio Sagrado o Santo, Presencia, el Yo, o lo Desconocido. No importa cuán valeroso sean nuestros esfuerzos por ponerle nombre al Silencio, las palabras solamente pueden apuntar hacia él. El Silencio simplemente *es*.

Nosotros le damos nombre a la "Yoidad" de este misterio perenne porque dependemos del lenguaje y la imagen para podernos comunicar los unos con los otros, pero las palabras solo pueden sugerir lo inexplicable. Así las cosas, a este enigma profundo se le refiere en este libro como Conciencia en el Silencio o Silencio, ambos términos son intercambiados libremente y los mismos se escriben con letra mayúscula cuando se refieren a la dimensión de ser, la cual es inmemorial.

El misterio de la Conciencia en el Silencio trasciende todas las religiones y todas las organizaciones espirituales. El mismo no puede ser comprado, vendido o regalado. Puede ir y venir en un instante o permanecer por un tiempo. No existen reglas que gobiernen su disponibilidad, duración o frecuencia. No hay un sendero trazado o una técnica para obtenerlo porque la Conciencia en el Silencio no es una cosa que pueda adquirirse como si fuese un par de zapatos. Este Silencio poderoso y sanador ha estado dentro de nosotros todo el tiempo. *Nosotros estamos en él y él está dentro de nosotros.* Sin embargo, salvo raras excepciones el mismo pasa desapercibido. ¿Por qué? ¿Qué se interpone en el camino de que nos percatemos de nuestro ser más íntimo?

Los místicos y los sabios han dicho por siglos que es nuestra propia mente conflictiva la que cubre con un velo al Silencio que es inmemorial. Cuando develamos a esta Presencia oculta, nuestros conflictos y penas desaparecen. Pero la pregunta es y siempre ha sido, ¿qué se requiere de nosotros si queremos liberarnos de veras? Esta es la pregunta clave del camino interno hacia nuestra superación. Lo que se ofrece en este libro es una extracción de los descubrimientos hechos por mí durante dos décadas como facilitadora de retiros y de mi búsqueda de toda la vida acerca del silencio interno. También hago una extracción de la fuente de sabiduría perenne que ha sido pasada a nosotros por místicos y sabios de todos los confines del mundo.

Al escribir esta obra tengo un cuádruple objetivo: el traer la atención hacia la Conciencia en el Silencio en donde somos seres íntegros; el sugerir maneras de reconocer su Presencia por medio de escuchar y ver de una forma distinta; el hacer todo esto lo más directo al grano posible; el ofrecer un mensaje transformador en una era de convulsión acelerada. Se incluyen también sugerencias para relajar el cuerpo y la mente porque la relajación abre la puerta hacia la quietud interna. La belleza de una mente verdaderamente aquietada es que la misma es una mente no violenta, una mente que está en paz consigo misma. Una mente así es un regalo para el mundo.

A lo largo del libro, se enfatiza en una relajación hasta alcanzar la quietud y en nuestra capacidad innata hacia la integridad y la bondad amorosa. De formas prácticas e ingeniosas, la intención es que nos movamos más cerca a lo que el Buda llamó "la otra orilla" y a lo que el Cristo se refirió como "el reino de los cielos." Podemos atisbar esta dimensión del ser cuando estamos silentes internamente. Esto no es una búsqueda académica, es una experiencia directa que abre la mente y el corazón a la Conciencia en el Silencio que nos libera de los enredos ocasionados por los conflictos e infelicidad creados por la mente.

Oculto dentro de nosotros se encuentra la conciencia de nuestra integridad original, de nuestra conexión intemporal los unos con los otros y con el mundo natural. El destapar nuestra integridad intrínseca trae significado, propósito y belleza a nuestro diario vivir. Literalmente, vemos el mundo a través de un lente completamente diferente, como si una cortina pesada fuese levantada de nuestros ojos.

Esto puede ocurrir en un destello de perspicacia cuando la mente esté en plena quietud, aunque también podría ser un proceso de desentrañar el condicionamiento y la resistencia que evitan el que tengamos una mente en paz consigo misma. Una mente en paz puede ver silenciosamente a través de la ilusión del "otro" y cuando no hay otro, existe compasión hacia la totalidad de la vida, para con uno mismo y para con la Tierra.

El ver y el escuchar con una mente en quietud nos transforma. Tenemos un atisbo del misterio intemporal y silente de nuestra propia naturaleza. Entonces, por fin concluye la búsqueda interminable de alcanzar nuestra plenitud desde lo externo.

Sri Nisargadatta lo expresó de la siguiente forma:
"Cuando vemos que la sombra no es más que una sombra, dejamos de perseguirla. Nos damos vuelta y descubrimos al sol que estuvo ahí en todo momento a nuestras espaldas!"[1]

1

La Presencia de la Conciencia en el Silencio

"Siempre he amado el desierto. Uno no ve nada. Uno no escucha nada. Mas sin embargo, algo brilla; algo canta en ese silencio."

Antoine de Saint-Exupéry

La primera impresión que tenemos del Silencio sagrado a menudo ocurre en la grandiosidad de la naturaleza. Sucede espontáneamente cuando la mente se aquieta en medio del vacío interminable del desierto; en la playa a medida que el sol desaparece bajo el horizonte y parece ser tragado por el mar; o cuando hacemos una caminata en las montañas y nos toparnos con un secuoya antiguo y gigantesco, que estuvo en la Tierra al mismo tiempo que lo hizo el Cristo o el Buda.

Existe algo mágico acerca de las secuoyas. Vine a conocerlas en el Parque Nacional Sequoia en California hace muchos años atrás. Las secuoyas ahí son de entre los árboles más antiguos y altos del planeta. Cuando miré hacia arriba a estos gigantes de la naturaleza, me sentí muy pequeña, no solo en tamaño, sino en todo. Su presencia imponente se sentía sagrada. Sus copas majestuosas se erguían tan altas por encima de mí que parecían flotar en el espacio. Todo lo que yo estuviese pensando antes de ver estos árboles había desvanecido;

la mente estaba aquietada y atenta. Estas secuoyas extrañas y vetustas son ancianas sabias de la Tierra y nos transmiten un secreto que es silencioso y reconstituyente.

En la quietud de la naturaleza la mente se puede librar de su contenido bullicioso y, por algunos segundos, hay suficiente silencio interno como para estar en unión con la increíble belleza y tranquilidad de lo que se ve. Es tan hermoso que le quita el aliento a uno y quizás induce a derramar algunas lágrimas. Una mente verdaderamente quieta abre el corazón. Lo que se atestigua en semejantes momentos de silencio es una resonancia con la belleza espiritual que está en el centro de nuestro propio ser. Sin darse uno cuenta, se está mirando hacia la luz interior propia, la luz de la Conciencia en el Silencio: uno es *eso*.

El hacerse amigo de una mente aquietada, una mente que no esté abrumada con el ruido del pensamiento, es lo que abre el espacio para que surja la Presencia del Silencio. En mi experiencia personal, esto comienza con el dejar ir la ansiedad y dar atención a nuestro propio bienestar. La importancia que tienen la atención y la relajación, las cuales hacen posible tener una más sutil conciencia interna, las exploraremos en capítulos posteriores.

La conciencia que es completamente silente puede dejar una impresión que desafía toda descripción. Dicha conciencia se puede sentir como si fuese un campo palpable de vibración que es a su vez completamente quieto y vibrantemente vivo. Su anchura está vacía y llena a la vez y, dentro de él, la matriz de la vida está completa. Vivir en esta conciencia sin fronteras, libres del sufrimiento que infligimos a nosotros mismos y a los demás, es el secreto que guardan los místicos y los sabios Pero esto es un "secreto" solo porque nosotros no prestamos atención a estar en silencio internamente. El místico y poeta sufí, Jalal al-Din Rumi, lo expuso de la siguiente manera: "Hay una voz que no utiliza palabras. Escucha."

El escuchar y el ver con una percepción interior que trascienda la mente ordinaria no es algo común para la mayoría de nosotros, pero tampoco esto es dominio exclusivo de místicos y sabios. Vivir en la totalidad interconectada de la Conciencia en el Silencio está disponible a todos. El bienamado monje trapense, Thomas Merton, se refirió a él como "el terreno sagrado del amor para el cual no existe explicación."[2] El filósofo y teólogo, Paul Tillich, lo llamó "el terreno del ser."

Alrededor de seis siglos antes de que Tillich y Merton ofrecieran sus percepciones memorables, el gran poeta del siglo trece, Dante Alighieri, expresó en otras palabras la misma sabiduría interna. En el canto final de su *Divina Comedia,* Dante describe un terreno unificado de amor incomprensible en la base del universo: "...mi visión me hizo uno con el Eterno Bien... vi dentro de sus profundidades cómo él concibe todas las cosas en un solo volumen unido por Amor, del cual el universo son las hojas esparcidas... pude sentir mi ser siendo girado por el Amor que mueve al sol y a todas las estrellas."[3]

Lo que Dante denominó el "Eterno Bien" corresponde a lo que se refiere como Brama en los Vedas, antiguos textos sagrados de la India. A Brama se le puede describir como la realidad absoluta que origina todo o como la conciencia eterna y amorosa que permea el universo y de la cual surge toda la creación. Brama es la substancia invisible de toda existencia, así como su fundamento. En las tradiciones de Abraham, es la infinita Presencia de Dios, Yahvé y Alá, pero sin los atributos humanos ya que es infinita e incognoscible.

Podríamos pensar que si esta Presencia infinita y silente está en nosotros y en todo, ¿por qué no somos capaces de percatarnos de ella en todo momento? La respuesta que nos dan místicos y sabios es que nosotros inconscientemente nos retiramos de ella porque estamos encerrados en nuestro intelecto la mayor parte del tiempo. El intelecto cree *conocer* la verdad espiritual, pero es el corazón el que la *entiende* porque es uno con ella. Es la interferencia del pensamiento lo que nos impide ver esta verdad interior. Lo que necesitamos es abandonar lo que creemos saber. Dicho de otra manera, el estado unitivo de la Conciencia en el Silencio no es algo que uno pueda conocer con el intelecto. Es la revelación del misterio de lo que uno es. El despertar a este misterio cambia a uno de adentro hacia afuera.

El estar disponible internamente para esta conciencia intemporal y amorosa nos abre la puerta a nuestra propia integridad. Esto le puede suceder a cualquier persona en cualquier momento, joven o viejo, cuando la mente está muy quieta y estamos alertas pero relajados. Yo aprendí esto a temprana edad, no porque haya algo especial en mí o mis circunstancias, sino simplemente porque hubo una abertura de quietud para que se revelara la Presencia de la Conciencia en el Silencio. El surgimiento de esta conciencia es a veces el regalo de la niñez, cuando la mente y el corazón están más receptivos a lo Desconocido, a ese "algo" primordial que no podemos darle nombre.

Para poder entender mejor la naturaleza de la conciencia intemporal y la posibilidad de trascender la mente pensante ordinaria, al final de mis veinte comencé explorando el budismo tibetano, el sufismo, el hinduismo, el zen y el cristianismo contemplativo. Encontré de gran ayuda a todas estas enseñanzas de sabiduría y que las mismas eran bien similares en cuanto al énfasis en la compasión y en la quietud interna. Más tarde en mi búsqueda, me topé con los trabajos iluminados de J. Krishnamurti, G.I. Gurdjieff, Ramana Maharshi, Nisargadatta Maharaj y otros, que personifican el enfoque no dual al entendimiento espiritual, que es donde yo me siento más a gusto. Sin embargo, fue mi experiencia inicial en mi niñez con la Unicidad dichosa la que motivó una curiosidad interminable y una búsqueda de por vida hacia mayores niveles de conciencia.

Dado que este es un libro acerca del descubrimiento de la Conciencia en el Silencio allende el tiempo, intentaré describir mi propio primer encuentro con su Presencia, pero recordemos que una descripción de una experiencia trascendental no es la cosa en sí, es un recuento de una instancia de unidad amorosa vívida e intemporal que ya pasó. Además de esto, esta dimensión de conciencia resulta indescriptible como quiera. Ella simplemente *es*. También es importante señalar que la Presencia de la Conciencia en el Silencio siempre ha sido nuestra bienamada, aunque invisible, compañera. Esta Presencia está accesible a todos por igual y tan cerca de nosotros como nuestro propio aliento.

Cuando yo tenía ocho años de edad mi familia vivió en una isla por espacio de tres años. Nuestra modesta residencia estaba localizada cerca al mar, en donde pasé incontables horas explorando la playa, trepándome en rocas grandes y nadando en el océano abierto. La playa y el mar eran mi hogar. El panorama siempre cambiante de un cielo lleno de color, junto al movimiento incesante de las olas y a cientos de pájaros marinos planeando y revoloteando en el aire, se convirtieron en una fuente de asombro perpetuo para unos ojos jóvenes.

Una tarde estaba yo pescando a la orilla del mar con una caña de pescar nueva que mis padres me habían regalado de cumpleaños. He sido vegetariana la mayor parte de mi vida adulta, pero de niña, mis padres me instaban a traer de vuelta una pesca para la cena y, como consecuencia, esto se convirtió en una rutina semanal para mí. Estando sola parada dentro del agua, sentí un jalón en el hilo de pescar y comencé a enrollarlo ante lo que parecía ser un pez de roca. Su cuerpo esbelto de color naranja rojizo relucía a la luz del sol. Luchó por su vida con fuerza.

Una vez fuera del agua, noté que había sangre en su boca en el lugar donde el anzuelo había penetrado. Había visto cosas semejantes antes y no me habían importado, pero esta vez me sentí conmovida por su belleza. Un sentido de gran ternura me sobrecogió a medida que el animal luchaba por liberarse. Era como si estuviese viendo por primera vez que algo que estaba vivo sangraba enganchado en mi anzuelo.

Aunque bastante joven, me percaté de un gran Silencio que parecía erguirse de la nada y de todos lados, estaba dentro, alrededor y detrás de mí y lo permeaba todo. Sin embargo, dicho Silencio parecía perfectamente natural. A medida que esto ocurría, el ruido de la playa se desvaneció. El chillido de las gaviotas y el sonido de las olas se retiraron al trasfondo y todo estuvo en silencio. Para esa época, yo no cuestionaba nada de esto. Simplemente sucedió y me encontré dentro de este Silencio y siendo parte de él y, fuera lo que este fuera, el mismo era vasto y quieto más sin embargo también pletórico de una energía sutil.

Resulta imposible describir algo tan quieto y que a la misma vez no fuera inmóvil. Dentro de él se encontraba el concepto sin palabras de "ver" que todo en la vida está interrelacionado. Esto incluía al ser viviente que estaba entre mis manos; su vida era una expresión de la misma vida que habitaba en mí, pero no había un "yo" que efectuara el acto de ver. Esto ocurrió dentro del campo vibratorio de un Silencio tan pacífico y amoroso que las palabras no pueden capturarlo. Uso la frase "campo vibratorio" porque es lo más cercano a lo que puedo llegar para describir la vitalidad de tan absoluta quietud. No había nadie allí, solo el ver. Esto se desplegó como un movimiento continuo que fluyó sin esfuerzo desde la conciencia del Silencio. Y desde esa conciencia, se realizó el movimiento de devolver al pez a la libertad del mar.

Yo era demasiado joven para entender nada de esto. Lo único que sabía era que algo extraordinario había sucedido. Entonces esto terminó, pero mi forma de mirar al mundo nunca sería la misma. Lo que se vio en ese momento de gracia fue que la vida es una matriz interconectada e inexplicable; nada está separado, aunque aparente estarlo. En esencia hay solo *una* vida: una Conciencia en el Silencio viviente que anima a nosotros los humanos y a toda otra forma de vida y la misma está hecha de amor.

Luego de esto mi niñez se reanudó en su forma habitual, excepto que ya no era posible para mí el tomar algo del mar. Me hice más sensible hacia los demás y a la dignidad de las otras formas de vida.

Desde ese día en adelante, el Silencio ha permanecido conmigo en el trasfondo, a veces con mucha fuerza y otras de forma menos perceptible y distante, mas sin embargo siempre está ahí. El mismo Silencio está en ti, en todas las otras personas y en todo. Este Silencio es la conciencia primordial que vivifica nuestro aliento y a toda existencia.

No tenemos que vivir una vida monástica o ser un sabio, místico o santo para percatarse del Silencio sin nombre en donde hay "una integridad oculta." Esto es lo que el Cristo señaló cuando dijo: "El reino de Dios está dentro de vosotros." Su santidad, el decimocuarto Dalai Lama, dijo más o menos lo mismo: "No hay necesidad para que hayan templos; no hay necesidad para filosofías complicadas. Nuestro propio cerebro, nuestro propio corazón son nuestro templo; la filosofía es la bondad."[4]

Para poder sanar las divisiones crueles que atormentan a la humanidad y reparar el daño que se le ha hecho a la Tierra, es necesario un despertar en una escala mucho mayor. Si nosotros pudiésemos aprender a ver y escuchar con una conciencia más profunda, nuestra relación los unos con los otros y con la naturaleza podría cambiar sustancialmente. Entonces podría ser posible el que ocurra un cambio en la conciencia humana el cual nos salvaría de nosotros mismos. La carga agobiante de la explotación perpetua, la pobreza y la guerra podrían finalmente encontrar su final en el silencio interior del *no saber*. Lo que la mente del ego piensa que sabe acerca de los otros y del mundo natural, obstruye lo que nos une. Thomas Merton lo dijo de la siguiente manera: "Existe en toda cosa visible una fecundidad invisible, una luz atenuada...una integridad oculta."

Despertar ante el misterio de la Conciencia en el Silencio nos cambia de adentro hacia afuera.

2

El Sonido del No Pensar

*"Desde que aprendí a mantenerme en silencio,
todo se ha acercado mucho más a mí."*
Rainer Maria Rilke

Nosotros nos acercamos más a la belleza inagotable del Silencio cuando aprendemos a reconocer y a abrazar lo que ya es nuestro. En momentos de quietud, cuando la atención descansa sin esfuerzo en algo hermoso, como por ejemplo una mariposa deslizándose silenciosamente por el aire o el resplandor en los ojos de un niño cuando aparece un arcoíris, una ondulación suave de Silencio nos puede tocar y transmitir una espiritualidad perceptible. Cuando esto sucede, se entra más profundamente dentro de uno mismo. A medida que la mente se aquieta, los pensamientos languidecen tal y como sucede cuando la última escena de una película desaparece de la pantalla. En la quietud total, el sonido del no pensar emerge de la Conciencia en el Silencio.

Puede parecer extraño decir que uno puede "oír" el sonido del no pensar, pero cuando la mente está silente la totalidad de la conciencia anula los pensamientos. Lo que se "oye" entonces no es el ruido usual del pensar, sino algo tan quieto que su misma quietud es intemporal, sin pensamiento, imagen, memoria o palabra. El Silencio posee su sonido propio. Cuando emerge la Presencia de este Silencio, sentimos su espaciosidad y su carácter sagrado.

El gran sabio y maestro espiritual, Jiddu Krishnamurti, se refirió a este silencio como "el inconmensurable." Su experiencia directa con el silencio total se demuestra en sus escritos, en donde él describe su comunión frecuente con el mundo natural. El respeto de Krishnamurti por la naturaleza es una fuente de inspiración para cualquiera que ame la belleza de los lugares naturales. Él pasó una cantidad de horas incontables caminando por montañas y bosques y se pudo sintonizar profundamente con la presencia de lo invisible. En el siguiente extracto del *Cuaderno de Krishnamurti,* él describe una entrega total al silencio en una visita a la India:

"Había silencio por doquier; los montes estaban inmóviles, los árboles quietos y los lechos de los ríos vacíos; los pájaros se habían refugiado para pasar la noche y todo estaba en calma, aun los perros de la villa. Había llovido y las nubes estaban inmóviles. El silencio aumentó y se convirtió en más intenso, amplio y profundo. Lo que estaba afuera ahora estaba adentro; el cerebro que había escuchado el silencio de los montes, llanos y arboledas estaba ahora él mismo en silencio; ya él no se escuchaba a sí mismo; ya había pasado por eso y se había aquietado de forma natural, sin ningún tipo de coacción. Todavía él estaba listo para agitarse en cualquier instante. Estaba quieto, ensimismado profundamente; cual pájaro que pliega sus alas, él se había plegado sobre sí mismo; no estaba dormido ni era perezoso, pero al plegarse sobre sí mismo, había entrado a unas profundidades que estaban más allá de sí."[5]

En otra ocasión, mientras hacía una caminata cerca de su hogar en Ojai, California, Krishnamurti se encontraba sentado sobre una roca y notó cómo el calor del sol había ocasionado que la misma se agrietara con el tiempo. Entonces él vio dentro de las grietas de la roca, a "docenas de pequeñas criaturas vivientes correteando y había este silencio absoluto, completo e infinito."[6]

Lo que Krishnamurti señaló es la inmensidad siempre presente de lo Desconocido, la Conciencia Silencio que es infinita y siempre está disponible para nosotros porque a un nivel fundamental es la nuestra. Un proverbio sufí, atribuido a Rumi, dice esto de forma perfecta: "Lo que uno busca lo está buscando a uno." Mas sin embargo, no hay nada que podamos "hacer" para convidar, compeler o suplicarle al Silencio para que este surja. Como cuestión de hecho, es mediante el *no hacer* y el *no luchar por conseguir* que ocurre la conciencia del Silencio. La ambición por lograr un resultado no abrirá la puerta interior hacia lo sagrado. Esto es un misterio que no puede ser captado por la mente ordinaria y la ambición solo nos mantiene a uno dando vueltas en círculos.

A manera de poder efectuar una exploración significativa acerca de qué es lo que oculta al Silencio sagrado al cual se refieren los sabios y los místicos, podemos mirar hacia dentro de nuestra propia mente para obtener las pistas. Puede este tema no ser uno tan tentador como el de la quietud vasta que nos une con el pulso del universo, pero en aguas inexploradas ayuda el tener una brújula. Aunque no existe un conjunto de instrucciones sacras que puedan develar la belleza e integridad del Silencio, existe una cosa en particular que nos cierra la puerta a su misterio: nuestra adicción a pensar. Con su zumbido constante de pensamientos, opiniones y juicios, la mente pensante cierra la puerta a la Conciencia en el Silencio. En el budismo se le refiere a esto como "la mente tipo mono" porque, cual mono, la mente pensante hace muchísimo ruido. Esta cháchara constante tiene que cesar para que la Conciencia en el Silencio pueda revelarse. Sin embargo, el pensar es la posición por defecto de la mente. Como lo expuso el filósofo zen Alan Watts: "Una vez uno haya aprendido a pensar, no puede parar."

Uno puede estar familiarizado ya con las sombras parlantes que fluyen por libre en la materia cerebral entre nuestras orejas. Dichas sombras son los espectros intrusos del pasado que distorsionan y secuestran la viveza del momento presente. Ellas son también los fantasmas de preocupaciones futuras que nos roban de nuestra energía y alegría y nos hacen prisioneros de eventos imaginarios. El pasado y el futuro son interruptores del silencio. Todo lo que ha sido incrustado en nuestra cabeza desde el nacimiento: raza, género, sexualidad, religión, educación, apariencia personal y estatus económico; todo esto contribuye al ruido que obstruye nuestro acceso al equilibrio silente.

Debe decirse también que la mente puede ser un amigo muy bueno. Por razones obvias, nosotros necesitamos la mente para relacionarnos los unos con los otros y con el mundo. Ella hace posible encontrar una tienda de comestibles, jugar ajedrez, crear arte, música y poesía, o inventar el próximo avance tecnológico o médico. La mente humana puede ser brillante. La otra cara de la moneda es que mucho de nuestro pensar está enraizado en un interés personal. Aun las comunidades espirituales pueden ser egoístas o tribales. Algunas de estas pueden pensar que su "tribu" espiritual es la más iluminada o que ellos "saben" algo que otros no saben o que su "sendero" es el correcto.

La subordinación a la mente pensante es un tipo de locura. Daría lo mismo si llevásemos puesto una camisa de fuerza porque la mente siempre parlante es una prisión construida por uno mismo, la cual evita que descubramos la naturaleza trascendental de nuestro propio ser. Sin quietud interna la voz de la conciencia es ahogada por la confusión y el conflicto; ahogada por el estar "en lo correcto" en vez de ser bondadoso. Si uno ha observado por algún rato el funcionamiento subyacente de su mente, sabrá por experiencia que aprender a cómo esta funciona resulta ser un proyecto permanente que demanda atención y energía. Tanto Krishnamurti como Gurdjieff señalaron con frecuencia, que la mayoría de nuestros pensamientos son generados por años de historia registrados y almacenados en nuestro cerebro. Tales historias son acerca de nosotros mismos, de otras personas y del mundo. Sin darnos cuenta, estamos identificados profundamente con una vida entera de memorias y las respuestas emocionales que estas suscitan.

Podemos probar esto por nosotros mismos. La próxima vez que usted se enoje, trate de seguirle la pista al pensamiento que provocó dicho enojo. Si usted logra hacer esto, lo puede llevar a desarrollar una perspicacia que resultará útil para la próxima vez que surja un enojo. Puede ser que uno no sea capaz de dar con el pensamiento preciso que provocó el enojo, toda vez que aquello con lo cual uno se identifica está tan arraigado y es tan habitual que rara vez se nota. Además de esto, una vez un pensamiento ha provocado una emoción fuerte, se mueve a través del cuerpo tan rápido que la reacción desagradable sucede instantáneamente. Esto es lo que hace tan difícil romper con el encantamiento de la mente pensante del ego porque, a menos que nos percatemos agudamente de nuestro patrón de pensamiento, automáticamente *creemos* lo que pensamos.

El creer en nuestros pensamientos cercena el vínculo interno con el silencio y ocasiona una división enorme en el mundo. Desbarata familias, matrimonios y amistades, amén de originar guerras. Muchas personas están tan apegadas a sus creencias que, sin saberlo, se identifican a sí mismos como que ellos *son* sus creencias. El resultado de esto es la polarización a lo largo del mundo. Millones de personas están absolutamente convencidas de que sus comentarios internos acerca de otras personas, de ellos mismos y de su visión específica de mundo, están justificados y son correctos. Así es que no sorprende que el mundo esté fraccionado debido a un apego tenaz a creencias económicas, religiosas y culturales que se sostienen como verdaderas, a pesar de que otras personas sufran daño o perezcan debido a tales creencias. ¿Cómo puede el mundo mejorar cuando millones de personas viven dentro de una burbuja de creencias personales y sociales?

Para hacer amistad con la belleza del Silencio, el punto de partida es cuestionar con sinceridad lo que creemos. Pero antes de que esto pueda suceder, ayuda grandemente el *notar* y *reconocer* que la mayor parte del tiempo, *pensar es creer*. Esto es algo así como: "*Creo* que tú eres un idiota, por lo tanto tú *eres* un idiota." La misma opinión puede dirigirse hacia nuestro interior: "Volví a decir una estupidez. Yo soy un idiota y siempre lo seré." Aun aquellas personas que han dedicado muchos años de búsqueda acerca de la estructura de la mente del ego, pueden verse atrapados en creerse sus pensamientos. Sin embargo no todo es en vano, porque en el momento que reconocemos que nosotros *no* somos nuestros pensamientos, que no somos las historias e imágenes acerca del pasado o el futuro almacenadas en nuestro cerebro y dejamos de creer en esto, nos liberamos de la tiranía de la mente parlante, al menos por un tiempo.

Aquello que se da cuenta de este ruido en nuestra cabeza constituye un puente hacia la plenitud de la Conciencia en el Silencio Este notar interno u observación propia es algo sutil y poderoso porque, en el observarnos tal y como somos, sin elogios ni culpas, de repente nos *percatamos de una conciencia más profunda,* la cual "ve" sin pasar por el filtro del pensamiento, lo que constituye una percepción más refinada vista desde el interior.

Percatarse de esta cualidad sutil de conciencia interna, marca el comienzo de una vida nueva. Como la mítica ave fénix, que renace de las cenizas de su yo previo, esta conciencia expandida apunta hacia lo alto. Esto constituye una visión mucho más amplia que la de la mente parlante, lo que posibilita el liberarse de su agarre. Cuando se hace esto, aparece un espacio de quietud que no existía antes. Desde ese espacio surge la conciencia de la observación propia. De esta forma podemos entonces observar en acción al yo construido por la mente y despertar de lo que Gurdjieff llamó "el sueño despierto," o a lo que se refirió Krishnamurti como la "mente condicionada." En oriente, a este yo construido por la mente se le conoce como la ignorancia que solo ve un yo separado. El despertar de la ilusión de un yo separado puede ser inmediato, pero para la mayoría de nosotros constituye un proceso de aprender a ver a través de la ilusión; una paradoja que abre un espacio mayor en la mente para poder comprender eventualmente que estamos entrelazados en una unidad misteriosa que aparece como multiplicidad.

Abriendo la mente hacia al menos la posibilidad de que nosotros no estamos separados de los demás, sino que somos parte de la conciencia de cada uno y que existimos dentro de una conciencia mayor desconocida, la búsqueda espiritual puede liberarse de las influencias externas. Cuando esto sucede, es posible entonces sentirse cómodo con no saber lo que el intelecto quiere saber y poder entonces sentarse plácidamente sin esperar nada. El no esperar nada no resulta ser exactamente una propuesta ganadora en un mundo de competencia brutal y de la ideología del "yo" primero. Es importante entender que la conciencia que es silente no está en la dimensión del tiempo, por lo que resultan irrelevantes los imperativos movidos por el tiempo.

La perspicacia que fluye de la Conciencia en el Silencio es la transmisora suprema de sabiduría, esto porque la misma se nos revela directamente y no es un conocimiento tomado prestado de alguien. Nadie puede instruir a uno en cómo ser lo que ya uno es en lo más profundo de su ser. Entrar en el Silencio es renunciar al sentido de separación del yo sin que nadie le diga a uno cómo hacerlo.

Pese a lo anterior, la ayuda espiritual es necesaria a lo largo del camino y la misma llega de muchas formas diferentes. Alguien o algo aparecen en tu vida en el momento en que más uno lo necesita. Daré un ejemplo de mi vida personal: cuando mi madre falleció de cáncer del pulmón algunos años atrás, entré en una crisis existencial producto de las memorias dolorosas de la lucha valiente que ella libró contra la enfermedad. La pena, rayando en la desesperanza, era incesante. Un día estaba yo revisando una caja llena de recuerdos que le había pertenecido a ella y encontré un marcapáginas con el siguiente salmo impreso: "Mantente tranquilo y sepas que Yo soy Dios."[7] Esto tuvo un efecto profundo y sanador. En mi experiencia y quizás en la de ustedes también, en medio de una perturbación espiritual hay energías sutiles que responden, a veces en forma de encontrar un tesoro inesperado dentro de una caja de madera. El poeta Rainer Maria Rilke lo dijo elegantemente: "En lo difícil están las fuerzas amigas, las manos que actúan sobre nosotros."

Aun los sabios y santos más grandes del mundo tuvieron ayuda cuando lo necesitaron. Uno de los ejemplos más vívidos se encuentra en la vida del Buda antes de conocerse como "El Despertado." Uno podría estar familiarizado con esta historia, pero la misma es una que necesita repetirse una y otra vez.

Por espacio de seis años, el futuro Buda vivió en el bosque llevando un estilo de vida estrictamente ascético. Él le negaba a su cuerpo aun lo básico para tener una dieta adecuada y, luego de pasar años bajo tales privaciones, llegó a casi morir de hambre. Al igual que otros buscadores espirituales de su época, él pensaba que esto lo ayudaría a llegar más rápido al estado de gozo conocido como nirvana. Como consecuencia de esta creencia, llegó a enflaquecer hasta el punto de casi morir cuando un día una joven mujer, de nombre Sujata, le ofreció un tazón de leche y arroz. Buda aceptó agradecido este ofrecimiento.

A medida que ingería el alimento, su cuerpo se fortalecía y él se dio cuenta de que maltratar el cuerpo no traería la iluminación. Este fue un momento crucial en su búsqueda hacia la autorrealización y el mismo sentó las bases para lo que luego se llamó el Camino Intermedio. De no haber Sujata aparecido cuando lo hizo, el asceta hambriento que luego se convirtió en el Buda pudo haber muerto y las ideas revolucionarias del Budismo pudieron nunca habérsenos transmitido. Esta historia ilustra el peligro existente en creer a ciegas y demuestra que una comprensión crucial de algo, lograda mediante el encuentro con un extraño, le puede cambiar el rumbo a nuestra vida *si hay* silencio interno suficiente como para poder tener la agudeza de percepción adecuada.

Cuando reflexiono acerca del intercambio ocurrido entre Sujata y el Buda, luce como un encuentro ocurrido en silencio mutuo. El ofrecimiento de un tazón de arroz a un hombre que se está muriendo de hambre y la humilde aceptación del mismo, es un proceso que conlleva amor. El amor surge cuando participamos en un acto genuino de bondad sin tener ningún motivo. Cada día, las personas se involucran en actos espontáneos de bondad por todo el mundo. Esta puede ser la razón por la cual lo que llamamos civilización no ha colapsado aún a pesar de siglos de guerras interminables sufridas por la humanidad.

Si la bondad en realidad nos importa, hay dos preguntas que debemos hacernos: ¿Estoy verdaderamente despierto ante el sufrimiento de los demás y del mío propio? ¿Puedo ver lo que necesita cambio en mí si quiero que el mundo sea un lugar en donde haya más bondad y armonía? Estas preguntas constituyen una forma de sondar nuestros propios motivos y sentimientos. A estos efectos, resulta instructivo un comentario hecho por Mahatma Gandhi. En medio de la larga lucha por la independencia de la India, un reportero le preguntó a Gandhi si él podría darle un mensaje al mundo acerca de la no violencia. Como la pregunta fue hecha en lo que constituía su día de silencio, él escribió su contestación en un pedazo de papel: "Mi vida es mi mensaje."

La verdad contenida en el mensaje de Gandhi nos recuerda que la forma en que vivimos le envía un mensaje a los demás. Las palabras de Gandhi nos inducen a la humildad y las mismas corresponden a una declaración hecha con frecuencia por Krishnamurti: "Tu eres el mundo y el mundo eres tú." Sería un esfuerzo que bien valdría la pena el que viviéramos con este pensamiento. Si algo nos enseña la historia, es que nuestra especie todavía no se ha afrontado a sus tendencias terriblemente destructivas. En la actualidad hay casi ocho mil millones de personas en el planeta y esta cifra se podría elevar a cerca de diez mil millones en menos de tres décadas.[7] Muchos de estos millones de seres humanos se convertirán en refugiados producto del cambio climático, ya sea debido a sequías prolongadas en algunos países, lluvias torrenciales y aumentos en el nivel del mar en otros.[8]

Si queremos que nuestros hijos y nietos vivan en un planeta saludable y sostenible, la vieja estructura de poder hecha por el ser humano que ocasiona daño al planeta y mantiene a miles de millones de personas en la pobreza, tiene que cambiar. La tecnología no nos salvará de mega sequías, extinción masiva de especies o aliviar el sufrimiento que ya está devastando muchas regiones del planeta. Es esencial el que haya una conciencia más profunda acerca de la interconectividad de la vida, no mañana sino *ahora*. Nada cambia a menos que nosotros cambiemos. Citaré a Krishnamurti una vez más: "Cuando yo me comprendo a mí mismo, comprendo al otro y de esa comprensión surge amor."[9]

El por fin entendernos a nosotros mismos es la llamada clara que puede ocasionar un cambio fundamental, esto es, una mente compasiva y unificada con el corazón. ¿No es eso lo que queremos, el estar unificados y en paz con nosotros mismos, con los demás y con el mundo y ser feliz? El Dalai Lama lo dice de la siguiente forma: "Creo que el preciso propósito de la vida es ser feliz... debemos dedicar nuestros mayores esfuerzos en lograr la paz mental."[10] Desde luego, la paz viene de una mente silente.

En el próximo capítulo, se ofrecerá una sugerencia para comenzar nuestra aventura hacia la conciencia que es intemporal.

*El ver y el escuchar con una mente silente nos transforma,
y también puede transformar nuestro mundo.*

3

El Estar con la Tierra

Sugerencia de Conciencia #1

"Aquellos que contemplan la belleza de la Tierra encuentran reservas de fortaleza que perdurarán hasta que perdure la vida."

Rachel Carson

La sugerencia que sigue a continuación constituye una manera simple e inspiradora de soltar un poco la mente y despertar a la presencia del mundo natural. Nosotros rara vez nos damos cuenta de las maravillas cotidianas de la naturaleza, de modo que esta es una oportunidad de percatarnos de la Conciencia en el Silencio que permea toda la vida existente.

Haga una cita con usted mismo para presenciar la salida del sol. Sí, esto significa levantarse antes del amanecer, así es que visualice estar yendo a una aventura mañanera a un lugar en donde no había estado antes, porque no importa cuántas veces uno vea la salida del sol, siempre resulta en algo novedoso si uno está presente internamente. Atestiguar la salida del sol eleva el nivel de energía matutina de uno de forma natural, con silencio y sin la necesidad de cafeína.

Escoja una mañana cuando no haya que cumplir con ninguna fecha límite o que no haya que estar en ningún otro lugar. Se está haciendo y cumpliendo con esta cita con uno mismo de forma que uno pueda entenderse mejor y entender mejor a los demás. Al hacer esto, no hay ningún anhelo porque haya un resultado. Simplemente se está entrando en una conciencia de uno mismo y la relación que uno tiene con la naturaleza.

Uno puede ver el sol salir desde el patio de la casa, desde el apartamento o desde cualquier lugar de preferencia. Si se quiere, se puede invitar a otra persona, pero una vez en el lugar de encuentro, aun si este es en el hogar propio, acuerden mantenerse en silencio. Ahora se ha entrado en la *zona de silencio*.

Arropado por el aire fresco antes del alba, busque un lugar mientras el cielo está todavía oscuro y los pájaros no han comenzado aún su canto al amanecer. Siéntese o permanezca de pie en un lugar donde haya una buena visión del horizonte. Si se está en el patio trasero de la residencia o en el balcón del apartamento, puede que no se tenga una buena visión del horizonte. No hay problema con eso. Se puede experimentar la quietud del amanecer desde cualquier parte.

Estando en absoluto silencio, note los alrededores y el cielo. Haga varias respiraciones profundas, inhalando y exhalando lentamente. Sienta el movimiento del aire según este va llenando sus pulmones y va saliendo de los mismos. Percátese de su respiración, ella lo conecta a usted con el ritmo invisible de la vida.

Cuando aparezcan pensamientos, y estos aparecerán, deje que lleguen y se vayan, sin ninguna tensión, comentario, juicio o irritación de parte suya. No podemos forzar a que desaparezcan nuestros pensamientos, de modo que deje que ellos aparezcan y desaparezcan cual burbujas de jabón en el aire.

Permita que un sentido de relajación lo colme. En este momento, no hay ningún otro lugar en donde usted deba estar, así que relájese y esté donde usted está. Relájese, déjese ir y sienta la presencia de la Tierra bajo sus pies. Tome un momento para notar que la Tierra sostiene a su cuerpo, no importa que usted esté parado, sentado en una roca o en una silla. La Tierra se siente a gusto con usted y usted se siente a gusto con la Tierra. *Usted está percatado de su conciencia de la Tierra.* Y la Tierra está viva de por sí. Es la Presencia de la Conciencia en el Silencio lo que hace posible todo esto.

Su conciencia de la Tierra y su relación con la energía de la misma ocurre porque su mente está en quietud. Cuando los primeros rayos de luz aparezcan en el cielo, usted es un testigo del estado de éxtasis del cielo y la tierra, no "allá afuera" en el cosmos, sino dentro de *usted*. Toda la creación está dentro de usted, no está separada y afuera aunque aparente estarlo.

A medida que los primeros rayos matutinos de luz sean visibles, la noche se rinde voluntariamente ante el nacimiento de un nuevo día. No existe absolutamente ninguna resistencia. La noche y el día fluyen juntos como un solo movimiento en un ritmo continuo de nacimiento y muerte, el cual sucede también en usted. El cuerpo de usted está reemplazando constantemente las células viejas con nuevas. Los ciclos en la naturaleza son los ciclos *en usted*.

A medida que el cielo se llena de color, note la respuesta de su cuerpo ante el arte silencioso de la naturaleza. Aspire la energía vibrante de los primeros rayos de luz. Deje que esta luz recién nacida lo colme, tal y como colma al cielo y a la Tierra. Ningún pensamiento requiere de nuestra atención. Existe solamente la magnificencia del espectáculo deslumbrante de la naturaleza. En este estado de ser, la identidad del "yo" desaparece. Aun el concepto del tiempo desvanece. Existe solo el momento presente, el cual es completo y entero dentro de la *conciencia* acerca de la oscuridad convirtiéndose en luz.

La naturaleza verdadera de usted es la luz de la Conciencia en el Silencio.

*Nos acercamos al Silencio aprendiendo a reconocer
y abrazar lo que ya es nuestro.*

En el observarnos tal y como somos, sin elogios ni culpas, de repente nos percatamos de una conciencia más profunda.

Una perspicacia que fluye de la Conciencia en el Silencio se nos revela directamente; no es un conocimiento tomado prestado de alguien. Es nuestro

4

La Sabiduría del Corazón

"Vivo mi vida en círculos que se van ensanchando y que llegan hasta el otro lado del mundo."
Rainer Maria Rilke

Rainer Maria Rilke es alguien a quien recurro cuando la elocuencia de un gran poeta puede añadirle una perspectiva necesaria a la vida interna. Con valentía él se adentró en las entrañas de la oscuridad sagrada y salió renacido, madurado por la sabiduría silente que él dijo que "se apodera de aun las cosas más pequeñas y las hala hacia el corazón del mundo."[11] Él escribió acerca de una visión interna con "círculos que se ensanchan" en donde él gira alrededor de una "torre primordial" por espacio de miles de años; la Conciencia en el Silencio inconmensurable que nos llama a regresar a la fuente misteriosa que no tiene nombre. Es una atracción mutua poderosa e irresistible, una reciprocidad magnética allende los vaivenes del tiempo. Pero la dimensión humana de esta relación no puede escuchar el murmullo de este Silencio primordial, ni reconocer la atracción más íntima de su amor no condicionado, si la mente ruidosa y fragmentada domina nuestra vida diaria.

El "punto quieto del mundo que gira", como lo expresó de forma célebre T.S. Eliot, solo puede atisbarse mediante un despertar espiritual que puede virar la vida al revés, usualmente de forma incrementada, o por una visita dichosa del Silencio total, la cual tiene el mismo efecto.

Para Rilke, al igual que para la mayoría de nosotros, lo descrito por él fue un proceso de toda una vida que se acrecentó grandemente haciendo amistad con el Silencio. Su forma sensible de expresar lo inexpresable y su candor acerca de su propia jornada espiritual vino de un corazón sabio y lo convirtió en un gran poeta.

Tal y como las hebras tejidas de nuestro ADN, el misterio silente que permea la totalidad de la vida está entretejido con el anhelo del corazón por la unión con el Uno, con el Amor Divino. Este anhelo comienza usualmente con la misma pregunta que ha sido hecha por siglos acerca del propósito y significado de la vida. Si la pregunta es sincera hay sentimiento en ella, quizás hasta un sentido de urgencia porque verdaderamente nos importa lo que la pregunta implica, no solo para nosotros mismos, sino para la humanidad entera. Las preguntas sobre el sufrimiento, lo temporal de la vida y el papel que jugamos en el drama y la maravilla del universo, surgen desde el centro de nuestro ser; el corazón. El corazón humano es un órgano vital en el cuerpo, pero también es un centro energético para la conciencia interna del amor no condicionado. El corazón entiende esto, aunque nosotros no lo entendamos.

Conocido como el chakra del corazón, este es un campo vibratorio de amor que se dice se encuentra tanto dentro como fuera del cuerpo e irradia desde el centro del pecho. Se le dan nombres como "chakra del corazón", corazón místico o el espacio interno de sabiduría a misterios que nosotros no entendemos a cabalidad, de manera que podamos sostener un diálogo e intercambiar ideas. Pero más importante que esto, nuestra propia experiencia nos puede decir que cuando sentimos amor y compasión, esto se siente internamente como una vibración, una energía conmovedora y una calidez en o cerca del corazón.

Nosotros ignoramos con frecuencia el suave halar del corazón, aun olvidando a veces que tenemos un corazón. Este olvido va atado a una carencia de sensibilidad y a nuestro interés propio. Todos estamos en el mismo barco en lo que es bueno para "mí." Más aún, el deseo por entender de dónde venimos, qué somos y hacia dónde vamos, las tres preguntas que el artista francés Paul Gauguin hizo famosas por medio de su pintura icónica, son preguntas recurrentes que han sido formuladas a través de la historia. Estas preguntas pueden ser intimidantes e inevitables, pero la búsqueda interna, si esta es hecha de corazón, sigue hacia delante de cualquier manera. Podemos no darnos cuenta al principio, pero el llamado tenue desde nuestro interior nos convida a "levantar el velo que oscurece al corazón y allí encontraremos lo que estamos buscando", tal como dijo Kabir Das, el gran místico y poeta de la India en el siglo quince. Levantar este velo seguro que no es fácil. Un proverbio proveniente de uno de los pueblos indígenas de América expresa este mismo reto de diferente forma: "La jornada más larga y sagrada que uno pueda hacer jamás, es desde la cabeza hasta el corazón."

Si uno cierra los ojos y se pregunta, ¿qué quisiera yo entender acerca del amor divino o incondicionado? y ¿es posible para mí conectarme con semejante amor?, uno podría descubrir un anhelo silencioso pero inconfundible presente en el corazón en busca de estas respuestas. También uno podría tener la sensación de que este anhelo del corazón es lo que le confiere energía a estas preguntas. El anhelo sincero del corazón es lo que nos impulsa hacia la búsqueda interna.

Cuando nosotros estamos lo suficientemente tranquilos o lo suficientemente cansados de los viejos patrones que lo que hacen es repetir el pasado, la sabiduría del corazón induce una remembranza de algo mucho más grande que el pequeño yo. Esta inducción puede ser muy sutil y pasar desapercibida si no se presta atención a nuestras cosas internas, de manera que cuando aparente haber un impasse, resulta de ayuda el detenerse, aquietarse y escuchar. Existe un Silencio maravilloso en nuestro interior que atestigua nuestra pobreza espiritual y nuestro abatimiento, y que nos extiende unas manos invisibles para ofrecer la plenitud de nuestras posibilidades inherentes.

Conciencia en el Silencio

Se dice que uno de los más grandes sabios de la India, Ramana Maharshi, era la viva encarnación del Silencio. Cuando él hablaba, se transmitía una vibración de silencio a los oyentes receptivos porque lo que él decía no provenía de la mente pensante sino de la plenitud de un gran silencio. La potencia de su silencio era un regalo a las personas con la suficiente sensibilidad como para reconocer este silencio como el de ellos mismos. Esto lo convirtió en un maestro muy amado. Los maestros de sabiduría transmiten la fragancia indescriptible de la Conciencia en el Silencio por medio de su presencia, la cual es sentida en los corazones receptivos como amor incondicionado o como compasión sin límites.

En la gran épica de la India sobre la revelación del Yo, el Bhagavad Gita, este amor trascendente le es conferido a Arjuna por el Señor Krishna cuando este dijo: "Yo soy el Silencio de lo desconocido y la sabiduría del sabio."[12] Lo que Arjuna aprende de Krishna acerca de las batallas feroces que atormentan su vida, es la misma lección que nosotros debemos aprender: las batallas externas que sostenemos con los demás son el reflejo de las batallas dentro de nosotros mismos. En ese sentido, no existe diferencia entre los conflictos externos y los internos. En el corazón compasivo de la Conciencia en el Silencio e infinita que Krishna representa, el conflicto desaparece a la luz de la trascendencia del yo.

Cuando nos adentramos en la tarea iluminativa de la búsqueda de uno mismo y permanecemos tranquilos sin esperar nada, la mente deja de resistirse a la quietud y se rinde ante el anhelo del corazón por lograr entendimiento espiritual. "Rendirse" es un vocablo que suele caer en la categoría de lo que se considera debilidad o cobardía, pero es el contexto en el que se utiliza lo que importa. No puede haber liberación interna sin rendición. La jornada interna es de por sí una rendición de lo viejo ante la posibilidad de algo nuevo. El Cristo sugirió esto cuando dijo:

"Si alguien quiere seguirme, debe negarse a sí mismo, recoger su cruz y seguirme."[13] Él estaba transmitiendo una verdad perenne a los pocos que estaban dispuestos a escuchar: la transformación sobreviene a expensas de la persona que denominamos "yo." El "negarse" a uno mismo es rendir o sacrificar la pequeñez ante la fuerza gravitacional de algo mayor. Solo entonces es posible el "erguirse enraizado como los árboles", tal y como Rilke escribió en su poema maravilloso "La Ley de Gravedad."[14]

Otra forma de expresar el significado de rendirse lo podemos encontrar en el Mundaka Upanishad, de las escrituras védicas de la India:

"Tal como dos pájaros de plumaje dorado, compañeros inseparables, el yo individual y el Yo Inmortal se posan sobre las ramas del mismo árbol. El yo individual, engañado por el olvido de su identidad con el Yo divino, aturdido por su ego, sufre y está triste. Pero cuando él reconoce su propio verdadero Yo y contempla su gloria, ya no sufre más."[15]

Percepciones punzantes devoradas ávidamente mediante los poderes espirituales de la literatura transmisora de sabiduría, pueden traer alivio de la madeja del pensamiento confuso y las emociones que afligen y que se entierran dentro de nosotros en medio de la confusión y la crisis. En otro momento nosotros podemos pensar que tenemos un agarre espiritual estable, que sabemos lo que sabemos, y entonces algo perturbador sucede y las ilusiones y divisiones de la mente ordinaria aparecen para demostrarnos cuán poco sabemos. De varias maneras se nos recuerda que no estamos despiertos todavía, solo pensamos que lo estamos. En momentos excepcionales de completa quietud interna, puede aparecer en nosotros un sentido de algo inmutable, algo desconocido que está esperando por ser reconocido; la inmensa Presencia silente que respira nuestro respiro y ve a través de nuestros ojos. Estamos completamente despiertos cuando nos percatamos de *eso*. El regresar a la Conciencia en el Silencio es todo lo que necesitamos. Es así de sencillo y así de radical, pero también así de elusivo porque la naturaleza infinita de esta conciencia no puede ser captada por la mente finita, la cual está contenida dentro de los límites de la conciencia humana.

Cuando la mente está percatada en silencio, se hace disponible otra dimensión del ser; no por medio del lenguaje, imágenes o símbolos, sino con una percepción interna que revela lo que no puede verse con la mente ordinaria. Mientras que nuestros sentidos físicos nos ayudan a interactuar y sobrevivir en el mundo externo, la capacidad de percibir el mundo por medio de una conciencia mucho más sutil es algo que nos viene sin esforzarnos cuando la mente está silente y, en ese silencio, el corazón puede despertar a una conectividad sutil con los demás y con la totalidad de la vida.

No es ningún secreto el que si queremos una relación con la vida que sea plena, es el corazón y no el intelecto lo que guía el camino. En su libro tierno y conmovedor, *El Principito,* Antoine de Saint-Exupéry presenta al corazón como la sede de la visión verdadera: "Es solo con el corazón que uno puede ver correctamente. Lo que es esencial resulta ser invisible al ojo."[16]

Ver con el ojo del corazón ha sido mencionado por sabios y místicos en cada continente y en cada época desde tiempos inmemoriales. El ver con el corazón es la expresión universal de la compasión de que el Cristo habló en las bienaventuranzas: "Bienaventurados los misericordiosos porque ellos alcanzarán misericordia."[17] Ver con el corazón es la práctica budista de *Mettā,* el dar bondad amorosa a toda vida sensible; es la unión de todos los seres por medio del amor, tal y como expresó el místico y poeta sufí, Rabi'a de Basra: "La verdadera labor se encuentra en el corazón. ¡Despertad tu corazón!"[18]

Una descripción aguda de lo que es el despertar del corazón aparece en el libro *La Voz del Silencio* de H.P. Blavatsky.[19] Esta obra lírica describe la lucha interna intensa que uno sobrelleva para poder liberarse del autoengaño. La narrativa de dicha obra tiene semejanzas con el Bhagavad Gita así como con el budismo Mahâyâna y con el ideal del bodhisattva. Se dice que un bodhisattva es un ser iluminado cuya compasión es ilimitada porque él o ella ha trascendido la ilusión de un yo separado. Al escuchar el clamor de un mundo que sufre, un bodhisattva hace el voto de liberar la humanidad de la ignorancia ocasionada por la mente que siembra división e inflige sufrimiento, independientemente del sacrificio que haya que hacer para lograrlo. Este ideal está encarnado por figuras históricas como el Buda y el Cristo.

En *La Voz del Silencio*, la "voz" es el "Sonido Insonoro" del amor incondicionado. Este le habla al "oído interno" como el Silencio del cual el universo surgió a la existencia manifestada. Este sonido es la vibración de amor eterno que todavía repercute a través del cosmos, a pesar de solo ser escuchado por aquellos que posean un corazón sabio, un corazón que se ofrece a sí mismo sin reservas. Puede escucharse dentro de nosotros una reverberación de este eco en forma de la voz de la conciencia, la cual puede verse como una resonancia que nos llama a ser amables e indulgentes cuando no deseamos serlo.

Las enseñanzas esotéricas de oriente y occidente hacen énfasis en el corazón como el centro de la sabiduría más elevada. Ramana Maharshi se refirió a este como el corazón espiritual, donde reside el Silencio del Yo eterno. Dijo Maharshi: "El corazón es la única realidad. La mente es una fase transitoria. El uno mantenerse como su Yo es entrar al corazón."[20]

Lo que sabios y místicos han dicho una y otra vez es que existe *solo el sentido de unidad del amor*. Todo lo demás es una ilusión porque el amor es la única cosa que no perece. Hay muchos que puedan no estar de acuerdo, pero esta es la experiencia directa de aquellos que ven mediante la visión interna de la Conciencia en el Silencio. Aunque esto pueda sonar un tanto místico si se mira desde la perspectiva cultural o religiosa, no hay nada inherentemente místico en reunirse con el Silencio sagrado que ya mora dentro de nosotros. Esto solo parece ser nuevo porque esta dimensión de conciencia está dormida dentro de la mayoría de nosotros. Esta percepción sutil y unitaria es el milagro máximo que puede ocurrir dentro del corazón humano.

En los momentos poco comunes de quietud interna plena, puede aparecer el sentido de algo incambiable en nosotros, algo desconocido que espera ser reconocido.

5

El Respiro de la Atención

Sugerencia de Conciencia #2

"Necesitamos el silencio tanto como necesitamos el aire."
Thich Nhat Hanh

La atención atrae el silencio. Permítanme repetir esto de forma un poco diferente: la calidad de la atención que uno presta determina la calidad de la conciencia interna de uno. Sin atención no hay silencio interno. La atención con frecuencia se nos escapa justo en el instante en que podríamos encontrar un momento de hermosa quietud. Justo cuando aparenta haber disponible un espacio de quietud, algo o alguien interrumpe y entonces hay una reacción, usualmente de irritación, y ese breve lapso de quietud se evapora.

Si uno es interrumpido cuando está intentando estar tranquilo, se debe permitir que la distracción esté presente, sin ofrecer resistencia. Dicha interrupción puede ser tan pequeña como el zumbido de una mosca o tan discordante como la sirena de un camión de bomberos. No importa qué, uno debe dejar que esto sea. El reaccionar con molestia drena la energía y la misma es requerida para ejercer la atención necesaria para regresar a un espacio interno de quietud. Dar atención a la quietud lo conecta a uno con la energía vital. Note la palabra "dar." En el dar libremente la atención no se espera nada a cambio. Cuando uno da atención plena a todo con lo que uno se topa, sea una flor o un ser humano, esto constituye un acto de amor.

Lo que estoy presta a sugerir a continuación, puede ser útil cuando uno desea estar tranquilo y necesita equilibrarse. Mi sugerencia es que lean los siguientes párrafos y entonces pongan el libro a un lado e intenten hacer lo que en ellos se describe.

Escoja un lugar en su hogar en donde haya privacidad. Si su casa está repleta de personas y rara vez hay quietud, busque un espacio en donde se pueda estar solo por espacio de quince minutos. Quizás este espacio sea una oficina que se haya habilitado en la casa, un dormitorio, un garaje, un clóset grande o inclusive el baño. Si el baño resulta poco atractivo, considere a la cofundadora de la Fundación Findhorn de Escocia, Eileen Caddy, quien vivió junto a su esposo y tres hijos en un pequeño remolque antes de fundar uno de los más respetados centros espirituales en el mundo. Su lugar habitable era tan congestionado que ella iba a un baño público disponible en el parque donde se estacionaban los remolques. Esto lo hacía temprano por las mañanas cuando no había nadie en dichos baños, a manera de poder tener un espacio para el silencio meditativo. Esto demuestra que el espacio físico para esta sugerencia puede ser cualquier lugar. Todo lo que importa es que uno tenga unos pocos minutos de privacidad para poder brindar atención plena a estar en quietud interna y hacer esto en un lugar donde uno se sienta seguro y cómodo.

Existe una última cosa a considerar con la sugerencia a continuación, así como con todas las otras sugerencias en el libro: no es asunto de buscar una experiencia. La ambición por un resultado ahuyenta el silencio. Apártese de los garfios de la expectativa y la decepción y deje ir todo aquello que uno espera que suceda, de forma que uno pueda simplemente relajarse y estar quieto. Cuando el Silencio viene lo hace sin esfuerzo, tal como hace el sol en un día nublado. El objetivo de este ejercicio es el que uno dé su atención a estar relajado y en quietud interna. Eso es todo. La relajación y la

El Respiro de la Atención

quietud son compañeras que nos ayudan a disolver, al menos de forma temporal, el contenido de una mente centrada en sí misma. A medida que dejamos ir los aspectos de la mente que nos sujetan, se abre un espacio para que las olas invisibles del Silencio nos envuelvan suavemente.

Siéntese cómodamente en el lugar seleccionado. Puede hacerlo en una silla, en el piso o sobre un cojín. Lo ideal es que la espina dorsal esté recta, relajada pero no rígida. No hay necesidad de enfocarse en ninguna técnica de estar sentado. Estar cómodo y alerta es mucho más importante que tratar de sentarse como un yogui. Si su cuerpo es flexible y usted tiene experiencia sentándose de esa manera, pues está bien, pero no es necesario hacerlo para ninguna de las sugerencias de conciencia hechas en este libro. Todo lo que se requiere es sentarse cómodamente, relajado(a) pero atento(a) y estar a gusto. Esta es una oportunidad para dar un descanso a todas sus preocupaciones.

Para abrir un espacio para el silencio, comencemos por traer nuestra atención al cuerpo. Tómese un momento ahora mismo mientras lee esto para notar cómo se siente el cuerpo. ¿Está usted relajado(a) o tenso(a)? Estar en contacto *contigo*. Inhale despacio, llenando sus pulmones de aire y sin hacer esfuerzo permita que el aire regrese a su fuente en la exhalación. A medida que usted continúa leyendo estas páginas, manténgase a la par con el movimiento de su respiración, siéntala, obsérvela y descanse en ella. Traiga su atención plena en esta cosa maravillosa que llamamos "respirar." Solamente trate de ser uno con el suave fluir del aire a medida que el mismo entra y sale, a medida que su pecho sube y baja con la respiración.

Ahora, tómese un poco de tiempo para seguir el movimiento de su respiración. Si puede, tome respiraciones largas y suaves, inhalando y exhalando lentamente diez veces. Esto puede ser muy relajante.

El acto sencillo de prestar atención a la respiración es una de las formas más relajantes y vigorizantes de contactar nuestra propia vivacidad interna. Percatarse de la respiración del cuerpo trae a cada momento vivido una conciencia más profunda. A medida que usted continúa dando a la respiración una atención relajada, note cómo responde el cuerpo. Si usted observa por un rato la respiración, puede notar que el *cuerpo completo,* no solo los pulmones, está respirando. Está circulando más oxígeno y de pies a cabeza se mueve una energía sutil. Los músculos se relajan y la tensión languidece. Se acrecienta el relajamiento. El cuerpo valora el reposo que acompaña el respirar conscientemente; inteligencia del cuerpo responde a nuestra conciencia de la respiración. Esto puede ser relajante y rejuvenecedor para la mente, el cuerpo y el espíritu.

Tómese un momento para reconocer el papel que juega el cuerpo en la aventura que constituye la vida suya. Mientras usted vive su cotidianidad, ¿le ha brindado gratitud alguna vez a la inteligencia propia que su cuerpo posee? El percatarse del cuerpo y la forma en que este opera en nuestra experiencia sensorial del mundo, nos acerca más a la quietud. La mayoría de nosotros dan al cuerpo por sentado y olvidamos que, a través de él, estamos en contacto con la interminable creatividad de la vida.

Comience su gesto de gratitud para con el cuerpo con un simple "gracias." Note como se siente el decir internamente "gracias." Usted podría observar una respuesta interna apacible que lo podría sorprender. No importa cuán crítico usted sea con respecto a cómo el cuerpo se vea o se sienta, es por medio de él que usted tiene acceso al misterio del sagrado Silencio. El cuerpo es el conducto del espíritu y el nexo entre el cielo y la tierra. Par decirlo en términos bíblicos: "¿No os dais cuenta que tu cuerpo es el templo del Espíritu Santo, quien vive en ti y fue dado a ti por Dios?"[21] En el Upanishad Kena de la India, la pregunta es similar: "¿Quién es ese Alguien Invisible que ve a través de mis ojos y escucha a través de mis oidos?"[22]

El ser agradecido al cuerpo por ser vasija para el espíritu, no importa su edad o condiciones físicas, nos trae al umbral de rendirnos ante lo que es. Sea agradecido por el cuerpo que le ha sido dado cuidándolo bien. La gratitud es una energía inmensamente sanadora, pone al cuerpo y a la mente en relajación. Cuando la mente está aquietada, hay receptividad al silencio sin que los pensamientos entorpezcan.

A medida que usted continúa sentado tranquilamente, con su atención fija en la respiración, note simultáneamente la sensación de sus pies tocando la superficie del piso. Cuando usted le da su atención a esto, observe lo qué sucede.

El contacto de sus pies con el piso lo conecta con la Tierra y lo ayuda a evitar que la atención divague. Su atención está ahora en la respiración y también en el contacto de sus pies con el piso. El cuerpo está relajado, la mente está aquietada y su atención está puesta en el respirar sin esforzarse y en los maravillosos transportadores llamados "pies."

Rara vez nosotros notamos la manera en que nuestros pies nos transportan a medida que caminamos: la longitud del paso, la forma en que ellos tocan el suelo a medida que caminamos o hacemos jogging; la vibración del movimiento desde la planta de los pies a las piernas y arriba hacia las caderas. Por lo general, nosotros ignoramos el castigo que los pies sufren todos los días. ¡Si hay una parte del cuerpo que es subestimada, son los pies! Como casi todo lo que el cuerpo hace de forma automática, la labor hecha por los pies pasa bien por debajo del radar de nuestra atención. El traer la atención a la sensación de los pies estar tocando el piso, trae más conciencia hacia la mente y el cuerpo.

Cada sugerencia ofrecida aquí es hecha por esa razón; traer más conciencia hacia las actividades sencillas de la vida. Ello es el portal al gran Silencio que no pide nada y lo da todo.

A medida que usted continúa sentado tranquilo, acuérdese de mantenerse relajado, sin esforzarse por prestar atención. Continúe notando la sensación de los pies sobre el piso y el flujo suave de la respiración. Si hay pensamientos que hacen intromisión, obsérvelos llegar e irse. Ante la mirada fija que presupone la atención prestada, los pensamientos desvanecen y no se pierde energía persiguiéndolos. Déjelos ir y lo harán. De esta forma, la calidad de su atención es muy diferente porque el silencio está en ella.

La atención es una energía poderosa; uno puede dársela a la quietud interna que trae integración y plenitud o desperdiciarla en el ruido e inquietud de la vida cotidiana. El poder discernir esto es la clave para poder ser receptivo a la Conciencia en el Silencio.

Por los siguientes minutos siéntese tranquilamente, dando su atención a la respiración y a sus pies que descansan sobre el piso. Suspenda la lectura por un momento e inténtelo. A medida que usted continúa haciendo esto, pudiera notar que su escuchar es más agudo que antes. La conciencia del cuerpo puede que sea más vívida. Usted también pudiera estar más alerta a su entorno y a la energía que se mueve a través suyo. El percatarse de la respiración lo conecta a uno con el poder de la atención y la atención silencia la mente parlante.

Este ejercicio sencillo es una manera de reconocer que usted ya tiene la capacidad de estar relajado(a), en mente y cuerpo, simplemente dando atención a la conciencia de la respiración y a la sensación de sus pies en contacto con el piso. Cuando se hace esto, la atención suya no está ocupada con pensar, preocupaciones o estrés. En vez de esto, lo que hay es quietud interna y relajación, cual abre a uno a la conciencia silenciosa y amorosa que siempre está disponible detrás de la cortina de la mente pensante.

6

Silencio y el Escuchar

*"Escuchar de por sí es un acto completo.
El mero acto de escuchar trae su propia libertad."*
J. Krishnamurti

Escuchar y el silencio interno están unidos inextricablemente. Las principales puertas a la Conciencia en el Silencio se abren escuchando y viendo, pero no de la forma ordinaria en que nosotros oímos y vemos. El escuchar que nos saca fuera de la mente pensante es silente porque los pensamientos ya no nos pueden ofuscar.

Dicho escuchar puede ocurrir de forma espontánea en una meditación o en la quietud de la naturaleza, pero también es posible ser un vehículo consciente del escuchar silente percatándose de lo que lo aleja. Los próximos capítulos brindan un marco donde se centra una calidad más sutil de escuchar y ver. Lo que voy a decir acerca de la conciencia del escuchar, lo ofrezco como una manera para que usted lector experimente con un escuchar más profundo y vea qué sucede. Como siempre, su propio escuchar es el instructor.

Cuando usted está disponible con su atención, la posibilidad transformadora de la Conciencia en el Silencio sucede sin hacer esfuerzo. El misterio que escucha y ve a través suyo simplemente aparece y "usted" desaparece. Cuando uno escucha de verdad, hay una receptividad a corrientes o frecuencias sutiles de Silencio en los mundos internos y externos. Uno se da cuenta de que estos dos mundos no están separados sino que solo aparentan estarlo.

Lo primero que se debe decir es que sin nuestra total atención, no existe un verdadero escuchar. Escuchar con atención no implica interés propio, uno puede denominarlo como "escuchar desinteresadamente" porque la mente del ego está aquietada, lo que hace posible escuchar desde el corazón. Este escuchar desde el corazón viene de nuestra integridad innata y por tanto es sincero y amoroso. Una expresión hermosa de escuchar desde el corazón se encuentra en una de mis líneas favoritas de *El Alquimista,* una novela acerca de la búsqueda interna por novelista brasileño Paulo Coelho: "Escucha a tu corazón. Él todo lo sabe porque vino del Alma del Mundo y algún día retornará allá."

Pero, ¿es posible en realidad escuchar desde el corazón? ¿Dónde comenzamos a averiguarlo? Nuestra primera tendencia es *intentar* escuchar, el concentrarse. Pero la concentración no es escuchar; ella obstruye escuchar. Deje ir la ambición, la determinación, el aferrarse y luchar por obtener un resultado. Escuchar con atención es un *no hacer sin esfuerzo*. Simplemente relájese, respire y escuche. El escuchar y la relajación se complementan mutuamente. Relájese hasta adentrar la generosidad de escuchar. Escuchar en realidad es ser generoso(a).

El lugar más fácil para relajarse hasta llegar a un escuchar auténtico es en la naturaleza, lejos del ruido y la aspereza de la cultura moderna. La belleza del mundo natural ayuda a uno a deshacerse del ruido en la cabeza y a abandonar la creencia cultural incrustada de que debemos *mejorarnos*. El Silencio y el escuchar no tienen nada que ver con el mejoramiento propio. Es simplemente hacer honor a la entereza que está en nosotros, pero que no es percibida. Escuchar en silencio puede levantar el velo que oculta lo que verdaderamente somos.

La naturaleza es una instructora paciente del escuchar sin esforzarse. La quietud de un prado o de una planicie cubierta de hierba, por ejemplo, actúa cual espejo en donde vemos la sencillez de simplemente ser, sin intentar convertirnos en algo. La mente está en paz y no en lucha; relajar a un cuerpo que está tenso y dejar ir la agitación emocional simplemente absorbiendo la quietud de un entorno natural. Esto puede ocurrir bajo un árbol, en un cañón o en un bosque, en un lago o en el mar. A medida que la quietud envuelve la mente, la inmensidad del mundo natural es vista como una tela de vida, muerte y renacer intrincadamente tejida. Nosotros experimentamos esto cuando estamos percatados del cambiar perpetuo de las estaciones del año: una robusta y vibrante primavera, los días largos y las noches sofocantes del verano, alfombras de hojas caídas en el otoño y los parajes congelados del invierno y luego el retorno de la primavera. Con frecuencia, nosotros damos todo esto por sentado, notando escasamente el esplendor de los colores cambiantes o a las aves migratorias volando miles de millas para aparearse y criar su prole. Por lo general, estamos muy preocupados con nuestros deseos y ambiciones para darnos cuenta que los ritmos de la naturaleza son nuestros ritmos también.

Los poetas y los artistas están intuitivamente percatados del sonido del Silencio en el mundo natural. Una poetisa como Mary Oliver, por ejemplo, encontró una Presencia sagrada en los espacios tranquilos de la naturaleza. Ella escribió: "Para mí la puerta al bosque es la puerta al templo."[23] La artista Georgia O'Keeffe transmitió una reverencia similar mediante sus magníficas pinturas de flores; ella, una flor era un universo para ser explorado. El compositor Antonio Vivaldi representó los pasajes repetitivos de la naturaleza en su querido conjunto de conciertos de violín, *Las Cuatro Estaciones*. En cada concierto, la voz de la naturaleza pasa por una estación del año a la próxima a medida que vamos envejeciendo. El ver que estamos incluidos en todo y que todo está incluido en nosotros, sucede cuando la mente está quieta. Un proverbio taoísta lo dice de esta manera: "Nosotros no podemos ver nuestro reflejo en agua que esté corriendo. Es solo en el agua tranquila que podemos ver."

Conciencia en el Silencio

Cuando hay atención estando en quietud, podemos ver el arco de nuestras vidas en el salir y el ponerse del sol o en el movimiento del mar, en cómo él envía sus olas a tierra y luego las trae de vuelta a sus silentes profundidades. El mundo natural nos puede enseñar mucho acerca de la conciencia interna cuando nosotros simplemente traemos nuestra atención a ver y a escuchar. El espacio silencioso del desierto, por ejemplo, nos llama hacia nuestro interior hacia un escuchar más profundo. El sonido de una cigarra a veces es la única voz que llega en la inmensidad del desierto, hasta que uno se percate del suave susurro de la arena bajo el vientre de un lagarto que se desplaza. La arena susurrante aumenta el silencio.

El acto de escuchar con atención es uno de los descubrimientos más fascinantes que uno pueda hacer. Escuchar de esta manera puede despertar la maravilla de la vida propia. Uno puede ser testigo a la vez que participar en la danza de la vida sin aferrarse a ella ni hacer de ella una historia. Cuando uno escucha con atención plena, uno podría sorprenderse por la dicha que esto trae una vez se vacía la mente de la ansiedad y la inquietud.

Existen sutilezas en la conciencia del escuchar, así como hay muchos tonos de color en la arena del desierto. Lo que puede discernirse escuchando está ligado a la calidad de la atención prestada a ello. Para ayudar a que nos acerquemos a lo que yo denomino "escuchar con conciencia", ofrezco las siguientes distinciones, las cuales no deben tomarse como si fuesen absolutas. La experiencia propia suya puede producir algo distinto. Traigo estas distinciones en el escuchar solamente para ilustrar la calidad de escuchar que tiene lugar cuando hay y cuando no hay silencio interno. Esto es meramente una forma de usar el lenguaje para ayudarnos a explorar la belleza de escuchar con una conciencia más profunda.

Resulta de ayuda entender por qué nosotros *no* escuchamos, antes de abordar un escuchar más profundo que se escucha con sensibilidad amorosa. A este respecto, puede decirse que hay tres aspectos del escuchar: *Escuchar de Forma Pasiva, Escuchar Estando*

Alerta y *Escuchar con el Corazón*, todos los cuales se considerarán en el siguiente capítulo.

Pero recuerden, estas son meras palabras para ayudar a ilustrar las cualidades o dimensiones sutiles del escuchar. También he incluido algunas sugerencias de meditación que pueden ayudar a incrementar la conciencia del escuchar. Es importante reconocer que cuando la mente está completamente silente, existe solo *un* escuchar y no hay un "yo" escuchando, solo el escuchar de la Conciencia en el Silencio.

7

El Escuchar de Formas Pasiva, Alerta y con el Corazón

"Hubo un breve silencio. Creo haber escuchado la nieve caer."
Erich Segal

Escuchar de Forma Pasiva

En la plenitud de escuchar, la Conciencia en el Silencio permea todo nuestro ser. Es un escuchar sin barreras porque nadie es el que está escuchando – la mente se ha vaciado de sí misma. Esta dimensión del escuchar, por supuesto, no está disponible si la mente está ocupada con pensamientos y nuestra atención está dispersa. Nosotros oímos al mundo externo con nuestros oídos pero con una mente distraída o en conflicto. Es un escuchar superficial. La mayor parte del tiempo nosotros escuchamos de forma superficial; es la respuesta automática de nuestra biología sensorial. Esto no es el escuchar profundo que ocurre con una mente aquietada y esta es la razón de porqué yo lo llamo escuchar pasivo o automático.

Cuando la palabra hablada o los sonidos del entorno entran por nuestros oídos, nosotros estamos absorbidos usualmente en pensamientos y dormidos ante una dicha oculta. En este sentido, nosotros somos escuchadores pasivos la mayor parte del tiempo. Por ejemplo, cuando estamos involucrados en una actividad al aire libre, por lo general nosotros estamos absortos con pensar, de modo que el gorjeo delicado de un gorrión posado en un árbol escasamente es detectado en nuestra conciencia, si es que llegamos a escucharlo. Nosotros desperdiciamos una oportunidad de detenernos y escuchar una de los cantos más felices de la naturaleza.

La Presencia del Silencio está en el canto de un pájaro, pero dentro de la hipnosis del pensamiento, no nos percatamos de esto. Esto podría parecer inconsecuente o hasta ridículo. Después de todo, en medio de nuestro ajetreado día, ¿qué importa si pasamos por alto el cantar de un gorrión solitario?

En la Conciencia en el Silencio, no surge semejante pregunta. Uno, el gorrión y el escuchar tienen lugar como un solo movimiento dentro de la misma conciencia. El canto del gorrión está dentro de uno tanto como en el gorrión. Nuestra mente ordinaria no puede comprender la realidad de nuestra relación con el gorrión. El canto de un pájaro es un recordatorio para que dejemos de pensar y simplemente *ser*. El mundo natural está lleno de tales recordatorios; es el regalo que nos hace la naturaleza, a pesar de que nosotros lo ignoramos usualmente. Cuando escuchamos con atención, un equilibrio plácido se puede sentir en el cuerpo y cuando no lo hacemos, los pensamientos y preocupaciones acerca del ayer o del mañana nos roban la maravilla del momento.

En el escuchar pasivo, queda muy poca atención disponible para las personas en nuestras vidas que necesitan ser escuchadas. Tal vez un cónyuge, hijo(a), el padre o la madre, un amigo(a) o colega está hablando con nosotros, aun suplicándonos, pero rara vez *escuchamos la totalidad* de lo que esa persona nos está diciendo o tratando de decir. El escuchar es superficial. Oímos solamente lo que queremos oír o lo desechamos y nos desconectamos.

Nosotros somos incapaces de escuchar desde el corazón porque no oímos los sentimientos *que están detrás* de las palabras: la pena, necesidad o el anhelo escondido. ¿Cómo podemos escuchar a alguien cuando estamos sumidos en nuestros pensamientos, preocupaciones, juicios, distracciones o conflictos internos? No existe culpa en esto, simplemente no sabemos hacerlo mejor. En el escuchar pasivo, existe un comentario fluyendo por nuestra mente y no nos percatamos de ello. Con frecuencia, no podemos escuchar porque estamos aburridos, ansiosos, soñando despiertos o pensando en la respuesta que daremos. Pocos de nosotros verdaderamente escuchamos. Vivimos y escuchamos desde un estado de dormir despierto, hasta que despertamos. Este despertar a la prestación de atención a escuchar debe volver a ocurrir cada vez que escuchemos o perdemos la atención y regresamos al "sueño." En otras palabras, cada encuentro con el escuchar es uno nuevo si estamos percatados de ello.

Una vez nos demos cuenta de que la mayor parte del tiempo lo que existe es un escuchar pasivo y que como resultado la plenitud de la vida no la vemos ni escuchamos, puede ocurrir entonces un cambio en conciencia y una nueva atención y energía acompaña nuestro escuchar. Nos convertimos en más atentos y ya no escuchamos meramente en la superficie de la vida, sino desde una corriente de conciencia que trae claridad a lo que significa vivir en el momento presente. Esto se puede decir en palabras de Krishnamurti: "Para poder encontrar lo que es sagrado, la mente debe conocer el contenido total de sí misma." Y para poder conocer el contenido de nuestra propia mente, debemos aprender a escuchar.

Escuchar de Forma Alerta

Cuando nuestra atención está dispersa, nuestro escuchar es pasivo, pero cuando *notamos* nuestra falta de atención o ensimismamiento, la calidad de nuestro escuchar cambia instantáneamente, tornándose alerta. El escuchar de forma alerta contiene silencio y esto cambia nuestra relación con el mundo porque el escuchar no es automático. *Nosotros nos percatamos de la conciencia del escuchar* y en esa conciencia hay la posibilidad de un entendimiento mutuo, algo que rara vez encontramos.

El mero hecho de notar que nosotros usualmente somos escuchadores poco atentos, es un paso significativo para adoptar una quietud interna mayor, particularmente en nuestra relación con los demás. Cuando nos percatamos de la calidad de nuestro escuchar, hay suficiente silencio interno como para observar lo que los pensamientos nos dicen, sin reaccionar a ellos y a la misma vez escuchar con más atención a la persona que nos está hablando. Es nuestra *atención* lo que nos acerca al escuchar sensible del corazón que presupone la Conciencia en el Silencio.

Para comenzar nuestra exploración del escuchar de forma alerta, retornemos una vez más a la naturaleza porque existen muchas voces ahí a las cuales escuchar. Cada roca y montaña, cada charca y rio, el cielo y las nubes, el sol, la luna y las estrellas, el paisaje, los árboles y las plantas, los insectos, pájaros y animales, todos ellos nos "hablan" con sus sonidos, colores, formas, fragancias, luces y movimientos. La voz de la naturaleza es verdaderamente maravillosa.

Uno de mis lugares favoritos para escuchar es en el desierto de Sonora. Cuando un monzón empapa el paisaje reseco, el desierto sofocado explota con los sonidos de nueva vida y el desierto de repente despierta. Un correcaminos emite graznidos de alegría; los brazos gigantes de los viejos saguaros abrazan la lluvia que los impacta cual un viejo amigo; los cactus florecen en colores gloriosos, aunque sea solo por un día.

Si escuchamos al desierto cuando este despierta, nosotros despertamos *con él* y *como consecuencia* de él. El escuchar de forma alerta pone fin temporalmente a la hipnosis del pensamiento y estamos vivos de una manera que rara vez experimentamos.

Una vez uno ha escuchado de esta manera, puede entender la cruda diferencia que existe entre escuchar de forma pasiva y de forma activa. En pocas palabras, escuchar de forma alerta conlleva atención; uno está percatado del acto de escuchar y completamente presente ante lo que escucha. Escuchar de forma pasiva es nuestra manera consuetudinaria y automática de escuchar. Existe poca o ninguna conciencia interna en semejante forma de escuchar, lo que oímos es filtrado a través de nuestra mente pensante.

Como ejemplo, cuando llueve la mente no puede escuchar el tono ni el patrón de la lluvia, ni tampoco el chillido de un halcón colirrojo sin la necesidad de *darle nombre a esto*. Hay un nombre para lo que se oye, tal como "lluvia" o "halcón."

Pero cuando hay Silencio, nada tiene un nombre. Si la mente cataloga las personas, la vida silvestre o cualquier otra cosa, el escuchar está ocurriendo en el contexto del pensamiento. Con quietud interna, el escuchar tiene una calidad muy diferente.

Escuchar con una atención alerta los sonidos del mundo natural, nos ayuda a reconocer el lenguaje sin palabras de la Conciencia en el Silencio. Es por esta razón que el mundo natural puede ser tan sanador para ser un humano.

Además, la naturaleza no pide nada a cambio. Todo lo que es menester es hacer acto de presencia, dar nuestra atención y *escuchar* por el mero hecho de escuchar y no para obtener una recompensa. El escuchar de forma alerta es una recompensa en sí.

El pensamiento no puede escuchar el tono ni el patrón de la lluvia, ni tampoco el chillido de un halcón colirrojo sin la necesidad de darle nombre a esto.

El pensamiento la da nombre a lo que escucha. Dice "halcón" o "lluvia."

En la Conciencia en el Silencio nada tiene un nombre.

*Mientras no aprendamos a escuchar con atención,
nosotros no estamos escuchando nada nuevo.*

*En la plenitud de escuchar,
escuchamos sumidos en las corrientes invisibles del Silencio.*

*El escuchar de forma alerta pone fin a la hipnosis del
pensamiento y estamos vivos de una manera que rara vez
experimentamos*

Los Retos del Escuchar de Forma Alerta

Escuchar de forma alerta es un esfuerzo espiritual porque nos enseña una calidad de escuchar que trae consigo libertad interna. Cuando escuchamos de veras, podemos percibir cosas directamente de este escuchar que pueden enriquecer nuestras vidas. El acto de escuchar de forma alerta es un movimiento interno que acalla la mente y resulta ser la manera más sencilla y segura de aprender quién y qué uno es. No importa la ruta interna que uno tome en la búsqueda por la sabiduría espiritual, *uno mismo* es el sendero. El escuchar auténtico y de forma alerta es la guía para salir de la selva del interés propio.

Una de las tareas más difíciles en la vida es escuchar a otra persona, en especial cuando no queremos hacerlo. Dar nuestra atención a escuchar al mundo natural es más fácil que escuchar a los seres humanos. Esto es así porque nosotros nos perdemos fácilmente en los pensamientos por internamente juzgar, evaluar, admirar o condenar a las personas. Esta es la razón de porqué aprender a escuchar con atención y paciencia a las voces de la naturaleza es un primer paso de gran ayuda en aprender a escuchar a otras personas, no solo superficialmente en una conversación, sino con una atención alerta relajada.

En el dar atención cuando escuchamos a otras personas, la sinceridad y la curiosidad colman el escuchar y de esta forma hay menos espacio para que los pensamientos se entremetan. Cuando nos reunimos con otra persona y nos escuchamos de forme alerta, la voz de la conciencia tiene espacio para relucir a través del escuchar. A veces ni tan siquiera se emiten palabras y aun así hay un entendimiento profundo entre las partes. El escuchar ocurre a una frecuencia silenciosa a la cual ambas personas han entrado sin esfuerzo ni planificación alguna; simplemente ocurre con la aplicación de atención en el escuchar mutuo. Escuchar con amabilidad y paciencia, sin sentirse presionado por el tiempo, nos acerca al Silencio.

Sabemos por experiencia que escuchar a otros puede estar acompañado de retos. Si estamos o no de acuerdo con nuestro cónyuge, compañero(a) o amigo(a), o si discutimos con un(a) colega acerca de un problema a ser resuelto, o si intentamos escuchar la voz rebelde de un adolescente, los gritos de desafío de un(a) niño(a) pequeño(a) o el chisme de un vecino, estamos confrontando constantemente con el reto de escuchar a otras personas sin sobreponer nuestros propios juicios u opiniones. El escuchar de forma alerta nos requiere suspender por completo nuestras propias opiniones y juicios.

Este tipo de escuchar presupone un reto porque se nos pide que dejemos ir nuestro interés propio o nuestra irritación y escuchar pacientemente con una mentalidad que no reaccione y que no esté a la defensiva. Cuando se escucha sin pasar juicios, puede surgir un intercambio auténtico entre ambas personas. El silencio interno del escuchar de forma alerta activa una corriente de receptividad mutua que se puede sentir internamente, aun si existieran puntos de vista diferentes.

Escuchar de forma alerta trae sinceridad a las relaciones en el hogar, en la oficina y en la vida diaria, reduciendo de esta forma el estrés. Son muchas las cosas que dependen de la calidad de la atención que prestemos al escuchar. ¿Surge el escuchar de un interés genuino por comprender a la otra parte, o simplemente es un escuchar simulado para así poder dejar de escuchar y moverse al próximo tema? La mayoría de nosotros practicamos el pretender escuchar cuando estamos distraídos o no nos interesa la conversación. El hecho de percatarnos de la tendencia a *no* escuchar nos dice algo acerca de nosotros mismos, no a manera de juzgarnos, sino como una observación útil de lo que incluimos o excluimos en nuestro escuchar.

En escuchar de forma alerta, recopilamos energía y atención. Una manera de entender esto es sentándose calmadamente y escuchar el sonido de personas hablando en un espacio cubierto o al exterior. Cada voz es distintiva y tiene un tono diferente, lo cual llega al oído de forma distinta, a veces de forma placentera y a veces no. Se debe *escuchar* la conversación y si uno se encuentra juzgando o haciendo comentarios, simplemente obsérvelos sin intentar cambiar la narración interna suya. Percatarse de los comentarios internos de uno los hace ir más despacio o detiene por completo su impulso. Cuando uno se fija en lo que interrumpe el flujo de la atención, el escuchar de forma alerta se reanuda por sí mismo. La energía de este escuchar es mágica.

Otra manera sencilla de abordar este asunto es escuchando los sonidos que uno usualmente ignora en su propio hogar, como el salpicado del agua en una pila de fregar, el zumbido de un abanico de techo o el chirrido de los grillos en la noche. Nosotros oímos con frecuencia estos sonidos, pero rara vez *nos detenemos a escucharlos*. Haga un espacio durante el día para escuchar. Tómese un momento para apreciar que usted posee en realidad la capacidad para escuchar. La gratitud añade profundidad y belleza a cómo uno escucha. La próxima vez que usted esté con alguna persona o en contacto con la naturaleza, escuche con la atención que un búho lo hace, sin ninguna tensión ni expectativa. Escuchar de forma alerta trae energía y vitalidad a la vida de uno y todo lo que se requiere es prestar atención.

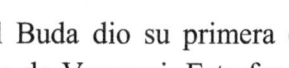

Se dice que cuando el Buda dio su primera enseñanza, fue al *Deer Park* en Sarnath, cerca de Varanasi. Este fue el lugar donde él había pasado varios años como un asceta y donde con frecuencia había venados presentes. Justo cuando él iba a comenzar a hablar, dos venados, un macho y una hembra, caminaron hacia el Buda, se detuvieron y entonces giraron sus orejas hacia él para escucharlo.

Mucho se ha escrito acerca del simbolismo de los venados, pero lo que resulta importante para nuestra exploración es que la conciencia al escuchar tiene en sí más poder que el que podemos reconocer. La primera charla ofrecida por el Buda fue sobre Las Cuatro Nobles Verdades: la verdad de la existencia del sufrimiento, la verdad de que el sufrimiento tiene una causa, la verdad de que se puede poner fin al sufrimiento y la forma en que podemos librarnos del sufrimiento. La presencia de los venados, con sus orejas tornadas en posición de escuchar, sugiere fuertemente que nosotros debemos prestar atención no solo al sufrimiento humano, sino también al sufrimiento que infligimos a los animales. La especie humana tiene mucho que responder por la crueldad infligida a los animales. Los venados vinieron a escuchar al Buda porque ellos percibieron la compasión que él sentía hacia ellos. Hay una profunda enseñanza silenciosa en esto.

Una de las maneras más efectivas para aprender a escuchar es estar en compañía de otra persona y que ambos se mantengan en silencio. Si uno logra estar en mucha quietud mientras se está en presencia de otras personas, sea en un retiro en silencio, en una reunión de meditación o sentándose en silencio con una amistad o ser querido, uno logra entender cuan preciado es estar en compañía de personas que saben apreciar el silencio. Si usted no ha tenido esta experiencia, espero que algún día la pueda tener.

Para juntarse con otras personas para acallar la mente, no para forzar nada ni esperando un resultado, nosotros simplemente nos sentamos calladamente, nos relajamos y respiramos. Mientras los pensamientos vienen y van, la mente se va tranquilizando. A medida que el silencio se profundiza, llega un momento cuando la atmósfera está tan silenciosa que se satura de paz. A la misma vez que esto ocurre, el escuchar es alerta aunque relajado. La conciencia colectiva de esta quietud es dada y compartida por todas las personas. En esta dimensión del Silencio, "todo en la vida habla a pesar del silencio aparente", tal como dijo el estimado maestro y autor sufí, Hazrat Inayat Khan.

El escuchar de forma alerta no reacciona al ruido sino que *incluye* al ruido que entra al lugar. Dicho ruido puede entrar por una ventana o del interior del recinto en que se esté. Cualquier cosa que se escuche, se nota y entonces se deja ir sin ofrecer resistencia. La energía del silencio estabiliza la mente. Una de las cosas más poderosas del silencio grupal meditativo es que abre un canal a la quietud que mora en cada uno de nosotros, y el silencio de uno es también el silencio de otro. De esta manera el silencio se multiplica. El silencio de un grupo puede ser poderoso y sanador. Cuando estamos saturados de silencio, respondemos a alguien o a una situación desde la quietud del escuchar profundo en vez de desde la irritación, ira, miedo o desde algún viejo patrón de pensamiento que meramente repite el pasado y nos retrotrae al terreno estéril de la confusión y el conflicto.

Lo que surge de este tipo de escuchar es una respuesta o acción veraz y bondadosa que fluye naturalmente porque estamos *receptivos a lo que es*. La receptividad es el eslabón imperceptible entre la calidad de nuestro escuchar y la puerta interior del Silencio sagrado.

¿Quién está Escuchando?

En la atención del escuchar de forma alerta, la mente ordinaria retrocede y se hace presente más silencio. Más adelante, cuando termina el silencio, puede surgir la pregunta: ¿quién es el que está escuchando? Esto nos puede llevar a la pregunta fundamental que muchos de nosotros nos hacemos periódicamente a lo largo de nuestras vidas: ¿Quién soy? Esta pregunta es fundamental en las enseñanzas acerca de la investigación propia por parte de Ramana Maharshi y también es fundamental para el escuchar de forma alerta y relajada. Si usted quisiese entrar en lo que Ramana Maharshi enseñó acerca de la investigación propia, puede leer el panfleto que él escribió titulado: *¿Quién soy?*[24] Haré un resumen breve de su enfoque en mis propias palabras, pero para una exploración más profunda del tema, debe ir a la fuente original.

Cuando uno hace la pregunta de *"Quién soy?"*, puede ocurrir una pausa en el pensar incesante mientras uno espera por una respuesta interna. Al comienzo, la respuesta típica que la mente da a la pregunta *"¿Quién soy?"* es: "Yo" o "Soy yo mismo." A medida que uno continúa prestando atención a la pregunta, uno puede recibir otras respuestas como por ejemplo: "Yo soy una madre, un padre, una persona de negocios, un(a) artista, un(a) enfermero(a)," o cualquier otro papel que uno juegue en la vida. Pero, ¿es uno el trabajo u oficio que uno ejecuta, o la función que uno desempeña como padre, madre, cónyuge o magnate corporativo? ¿Es eso lo que uno es? Estas son manifestaciones de la vida que uno vive, pero no son el "yo" esencial.

Así es que, ¿quién eres? Uno puede mirarse en el espejo y pensar que uno es la imagen que se ve allí, pero ¿es esto cierto? ¿Es uno el reflejo que se ve en el espejo? ¿Es uno nada más que un cuerpo y un cerebro? Uno puede identificarse muy de cerca con el cuerpo y desear preservarlo lo más posible y por tal razón poder estar convencido de

El Escuchar de Formas Pasiva, Alerta y con el Corazón

que uno es el cuerpo. ¿Le causa temor la muerte del cuerpo? ¿Qué es lo que muere?

Si uno se hace una segunda pregunta, ¿a quién es que le surgen estas preguntas?, podría quedar perplejo. Pero, a medida que uno continúa preguntándose ¿quién soy yo?, la mente se vuelca internamente sobre sí misma y uno puede entonces darse cuenta que no hay ninguna respuesta venidera. Todo lo que uno oye es el sonido ensordecedor del Silencio. Y entonces una sorprendente perspicacia puede sobrevenir súbitamente; ¡el "yo" que uno piensa que es uno mismo, es en sí solo un pensamiento! Este yo solo ha aparentado que es uno mismo. Surge una revelación, no como una teoría intelectual, sino como un entendimiento interno: "yo" y "mi" son parte de una estructura sicológica que no es permanente.

El enfoque de Ramana Maharshi a la investigación propia niega el concepto de un yo separado. Cuando se entiende eso, el real e intemporal "Yo" o el Yo eterno, el cual se dice que reside en el corazón, se puede revelar en forma de la misteriosa Conciencia en el Silencio que está a la raíz de todo. La ilusión del "mi" desvanece y se puede ver a tal "mi" como el impostor que es.

Dentro del marco del escuchar de forma alerta como parte de la investigación propia, el fruto ulterior de preguntar "¿quién soy?", es que todo lo que *no somos* decae y nuestra naturaleza interna verdadera es descubierta, aunque prevalece su misterio silente.

"¿Quién soy?" y "¿A quién es que le surgen estos pensamientos?", son preguntas que desenmascaran gradualmente la identidad construida por la mente, la cual creemos que es real. Esto sucede en incrementos, no de una vez, aunque para unos pocos, como Ramana Maharshi, el sentido de un yo separado desaparece rápidamente. Él tenía tan solo dieciséis años cuando pasó por una experiencia de muerte sicológica y fue dominado por el miedo. Pero en vez de resistirse a esto, él indagó, penetró hacia el interior de dicho miedo, lo confrontó y descubrió el ser interno inmortal, el Yo, el cual trascendía el miedo y que mora en el Silencio.

En la atención del escuchar de forma alerta, podemos escuchar nuestros propios pensamientos de una forma novel porque hay suficiente silencio interno como para preguntar lo que siempre hemos tomado como real. Escuchamos desde una conciencia que no se identifica con la mente pensante ordinaria y por tanto podemos "ver" nuestra propia fragmentación. Con esta revelación, podemos abandonar toda pretensión de pensar que en realidad "sabemos" quién o qué somos. Esto es un misterio demasiado grande como para ser resuelto por la mente. De nuestro escuchar vemos que no estamos unificados internamente, que divagamos de pensamiento en pensamiento y de una emoción a otra. Esta conciencia del escuchar también es conciencia del ver porque ambas ocurren como un movimiento que nos acerca al Silencio. En este proceso, aprendemos más acerca del yo ficticio y de cómo el mismo se aferra tenazmente a su identidad.

Uno por uno, los velos que oscurecen la Conciencia en el Silencio se van cayendo. Esto comienza con un entendimiento creciente acerca de dónde es que comienzan nuestros conflictos. Por ejemplo, en la conciencia del escuchar de forma alerta, uno puede oír una voz altamente crítica en la cabeza pasando juicio sobre uno mismo o sobre otras personas; una voz que le cuenta a uno una historia que ya uno había internalizado muchos años antes sin haberse dado cuenta de ello y que uno no había cuestionado nunca. Pero como uno está escuchando con una conciencia interna, finalmente uno reconoce que esta es una voz que no es en realidad de uno, sino que toma la forma de un pensamiento o un patrón de pensamiento que una vez uno creyó que era "uno mismo." Esta "voz" podría ser la del padre, madre, sacerdote, rabino o cualquier otra figura de autoridad que tuvo un impacto en uno y dejó su huella.

Sin darnos cuenta de ello, nosotros somos como esponjas que absorben las influencias de otras personas. Este reconocimiento nos lleva a otros descubrimientos acerca de dónde es que surgen tantos de nuestros juicios, opiniones y críticas propias. Comienza a deshacerse gradualmente la creación mental llamada "mi"; un desenmascarar de lo que es falso se descubre a la luz del escuchar de forma alerta. Se requiere de atención, persistencia y valor para finalmente dejar ir el espejismo en el cual hemos creído por tanto tiempo.

En la profunda inmersión que representan escuchar de forma alerta y la investigación propia, podríamos descubrir otros pensamientos de "yo" atados en la mente, tales como la "voz" de los estereotipos de género o raciales que vienen de un prejuicio cultural o religioso a los cuales fuimos expuestos desde pequeños.

A medida que vamos creciendo en conciencia, puede surgir incomodidad, desengaño y sorpresas desagradables y nosotros podríamos necesitar la ayuda de otras personas que hayan estado involucradas por más tiempo en la investigación propia y en el escuchar de forma alerta. Mas existe un alivio tremendo en confrontar la fuente de los conflictos internos, esto porque ya nosotros no tenemos que ser marionetas de nuestros pensamientos y las historias que creamos a partir de ellos.

Dentro del cerebro y en las células de nuestro cuerpo, existen impresiones almacenadas a lo largo de nuestra vida, imágenes y experiencias que se reactivan inconscientemente cuando hay encuentros con otras personas, lugares y cosas. Estas experiencias pasadas crean memorias y las memorias dan surgimiento a pensamientos e imágenes, las cuales activan emociones y lo que sigue después es una reacción movida por el pasado. Esto ocurre tan rápido que no nos damos cuenta de ello. Esta es la razón de por qué nosotros con tanta frecuencia miramos por el espejo retrovisor en lugar de disfrutar el momento presente.

Entendernos desde el escuchar de forma alerta es una lección de sabiduría que nos damos a nosotros mismos; aprendemos a ser nuestros propios maestros. Esta es la tarea más importante de nuestras vidas porque la misma es un indicador del crecimiento de la libertad interna en nosotros. En el escuchar de forma alerta, tenemos la capacidad de oír nuestros pensamientos sin darles el poder de dominar nuestras acciones y nuestras relaciones. Podemos entonces ver por nosotros mismos que no somos ninguno de los papeles que jugamos en la vida; nosotros no somos la montaña rusa de las emociones que rápidamente salen a chorros del pensamiento y tampoco somos el cuerpo, aun cuando experimentamos el mundo a través de él.

En el escuchar de forma alerta, despertamos a las fuerzas inconscientes que nos dan forma y que han gobernado nuestras vidas. Nosotros nos percatamos de los disfraces y distracciones de la mente pensante y podemos liberarnos de ella, al menos por algún tiempo.

A medida que la mente se hace cada vez más silenciosa, nos podríamos encontrar entrando sin hacer esfuerzo en periodos de quietud más extensos y cuando la intimidad del Silencio nos arrope suavemente, el estado interno de amor y paz incondicional que se logra, lo que se llama dicha, revela nuestra naturaleza verdadera.

Tal y como dijera Ramana Maharshi con frecuencia: "La propia realización del Yo es el mayor servicio que uno le puede prestar al mundo."

Escuchar con el Corazón

El Silencio tiene profundidades, al igual que el océano. Mientras más profundo uno vaya, más deja uno ir lo que cree saber. Cuando la rendición del yo es absoluta, todo trazo del "saber" ha desaparecido y la mente está completamente silente. El tiempo ha concluido dentro de la inmensidad de lo Desconocido.

Esta dimensión del escuchar no puede reducirse al lenguaje. Una mente silenciosa escucha con compasión ilimitada. Lo mejor que se puede decir es que esto es similar al Cristo escuchando la pena de una madre cuyo hijo ha muerto y que ante la inmensa compasión de este corazón que escucha, la pena de la madre disminuye sin que se haya emitido una sola palabra. Es también la compasión de la bodhisattva Quan Yin, quien escucha los lamentos de un mundo que sufre y promete aliviar el sufrimiento de todos los seres sensibles no importa cuánto tiempo tome.

No existe ningún yo individual en la quietud del escuchar con el corazón y, por consiguiente, ninguna relación de sujeto-objeto, ningún tipo de fragmentación; en el escuchar solo emana un dar. El amor incondicional de la Conciencia en el Silencio es en sí escuchar: es el verdadero Yo, el Cristo y el Buda dentro de uno. Nosotros tenemos esta posibilidad dentro y existen muy pocas personas que en verdad escuchan con el corazón.

La mente finita no puede comprender esta dimensión del escuchar y esta manera de ser, de modo que nada más se puede decir acerca de escuchar con el corazón que lo ya dicho. Nosotros podemos atisbar la inmensidad del escuchar con el corazón solo en los momentos poco comunes cuando el Silencio permea nuestro ser.

Este modo de escuchar no está muy lejos ni hay que ir a ningún lugar para encontrarlo. Es simplemente que la mayor parte del tiempo no nos percatamos de qué es lo que está escuchando y, de esta forma, dejamos pasar el resplandor de una conciencia mucho mayor. Cuando el ruido de la mente termina, comienza la conciencia del escuchar con el corazón.

Cuando notamos nuestra falta de atención o nuestro ensimismamiento, la calidad de nuestro escuchar cambia instantáneamente.
Se torna alerta.

Entendernos desde el escuchar de forma alerta es una lección de sabiduría que nos damos a nosotros mismos.
Aprendemos a ser nuestro propio maestro.

Escuchando los sonidos de la naturaleza con atención, nos ayuda a reconocer el lenguaje sin palabras de la Conciencia en el Silencio. Es por esta razón que el mundo natural puede ser tan sanador.

8

Escuchar a los Árboles

*"A mi alrededor los árboles baten sus hojas y llaman,
'Quédate un rato.' "*

Mary Oliver

A lo largo de la historia humana, la experiencia directa de la conciencia trascendental de la belleza de la naturaleza ha sido central en el despertar espiritual. El Buda despertó espiritualmente luego de una meditación extensa bajo un árbol de Bodhi; el Cristo fue sometido a pruebas espirituales por espacio de cuarenta días en el vacío de un desierto; el profeta Elías, luego de correr por su vida, se quedó quieto en el sagrado Monte Sinaí y escuchó el susurro de la "silenciosa pequeña voz" de Dios. La naturaleza siempre ha sido un lugar para la transformación propia.

En las antiguas leyendas hindúes, los bosques verdes del Himalaya estaban repletos de sabios devotos que dedicaban su vida meditando bajo la copa protectora de árboles de cedro en honor al Señor Shiva, el dios hindú de la transformación, destructor del mal y regenerador del universo. Se decía que los cedros poseían una energía sutil, la cual incrementaba el silencio interno de los sabios. Por este motivo se les llamó árboles Deodar, vocablo derivado de la palabra sánscrita *devadāru*, la cual se traduce como "árbol divino" o "árbol de los dioses."

Los árboles crecen tanto por encima como por debajo del suelo, visibles e invisibles parcialmente al ojo humano. Están enraizados en la tierra, mas sin embargo se alzan hacia el cielo. No es de sorprender que, a lo largo y ancho del mundo, los árboles simbolicen la relación existente entre los seres humanos y lo divino.

Cuando yo era una niña, los árboles parecían ser unos seres de otro mundo, altos, amigables y que eran mucho más fuertes que yo porque aun los vientos más feroces no podían tumbarlos. También era muy divertido treparse en ellos. Los árboles, en especial las secuoyas, todavía me llenan de asombro.

Si usted quisiese que aumente su conciencia al escuchar, escuche el lenguaje de los árboles. Cuando uno los toca, escuche la elocuencia de sus partes suaves y sus partes sólidas: el tronco sólido, las hojas que caen en cascada en otoño, los retoños en primavera. Los árboles cantan aleluyas dirigidas al amanecer cuando este surge, pero nosotros rara vez estamos lo suficientemente silentes como para escucharlos. Los árboles hablan a los humanos más directa y claramente cuando se mueven con la brisa.

Uno puede notar que cada árbol tiene un sonido diferente. Por ejemplo, un sauce responde al viento de una manera muy diferente al eucalipto o al pino. El viento se mueve más lentamente a través de un roble grande y viejo que lo que lo hace a través de otros árboles de cooperación existente entre ellos. Wohlleben dice que los árboles forman vínculos familiares, tienen una red de amigos y envían nutrimentos los unos a los otros. Literalmente, ellos "hablan" los unos con los otros en un lenguaje que nosotros no comprendemos.[25]

El estar en presencia de los árboles, sin la interrupción de los pensamientos, nos renueva. El poeta y novelista, Herman Hesse, lo resumió de la siguiente forma: "Los árboles son santuarios; quienquiera que sepa cómo hablarles, quienquiera que sepa cómo escucharlos, puede aprender la verdad."

tamaño similar, de modo que el sonido generado por el roble es único. Una palma suena una nota distinta a la del arce. Cada árbol hace su propia música en su danza con el viento. El tamaño, la forma y la densidad de las hojas y las ramas de un árbol influyen sobre lo que uno escucha a medida que el árbol se mueve con el viento sin hacer ningún esfuerzo. El hacer este movimiento sin esfuerzo es un recordatorio de que dejemos ir aquello que nos evite a nosotros estar en silencio internamente. El percatarse del movimiento de los árboles acerca a uno más a la vibración interna de la vida propia.

Cuando uno escucha el movimiento de los árboles, uno se conecta con ellos al interior de una conciencia más profunda. En este escuchar sereno y sensible, la vida del árbol resuena con la de uno. La vida de uno y la del árbol interactúan con delicadeza; de esto surge una vibración de reciprocidad y la relación entre uno y el árbol se encuentra viva en el momento presente. Se puede sentir la fuerza enorme de un árbol cuando uno se para a su lado, inclusive uno podría *percatarse de que el árbol se percata de uno.*

Existe energía y gozo en este intercambio silencioso. Tal vez por vez primera, uno escuche la "voz" de un árbol según este interactúa con nuestra conciencia y con el viento invisible.

La noción de que un árbol tiene voz podría sonar tonta para algunos, pero para otros, cambia todo lo que creemos que sabemos acerca de nosotros y nuestra relación con la naturaleza. Ya sea en un bosque, un parque o en la calle de una ciudad, los árboles merecen nuestro respeto. Ellos son mucho más inteligentes de lo que suponemos. Estudios recientes llevados a cabo por silvicultores y por ambientalistas demuestran que los árboles están íntimamente conectados los unos con los otros bajo tierra por conducto de sus sistemas radiculares. En su ilustrativo libro, *La Vida Oculta de los Árboles,* el silvicultor y autor Peter Wohlleben, se refirió a esta red masiva de sistemas radiculares bajo el suelo de los bosques como "la red amplia maderera" (*wood wide web),* la cual nos permite entender la interconexión amplia que existe entre los árboles y la relación de

Cuando uno escucha el movimiento de los árboles, uno se conecta con ellos al interior de una conciencia más profunda. En este escuchar sereno y sensible, la vida del árbol resuena con la de uno.

El silencio y el escuchar están ligados inextricablemente.

*El acto de escuchar está entrelazado con
la plenitud de nuestra atención.*

*Dar todo nuestro ser al escuchar es un acto de amor.
Lo que escucha con amor es lo más profundo de uno.*

*El escuchar es un esfuerzo espiritual.
Nos enseña a percatarnos de la conciencia que escucha.*

El escuchar silente es escuchar con el corazón.

*El escuchar con el corazón es un escuchar profundamente
compasivo, donde no hay un yo individual, ninguna
fragmentación en lo absoluto;
nada más que una emanación del dar.*

9

El Silencio Intermedio

"La música no está en las notas, sino en el silencio intermedio."
Wolfgang Amadeus Mozart

El silencio y la música tienen una relación íntima, pero a menos que uno sea un compositor, músico o escuchador muy astuto, uno puede no percatarse de la sinergia dinámica que existe entre el silencio y la música. Tal y como sugiere la aseveración de epígrafe atribuida a Mozart, lo que trae vida a la música es el silencio entre las notas.

Lo que hace que esto sea relevante a nuestra exploración, es que el silencio entre las notas en una composición musical es análogo al silencio breve que tiene lugar cuando la mente parlante cesa de su cháchara y surge un intervalo de silencio antes de que llegue el próximo pensamiento. Si notamos esto, momentáneamente llegamos a la observación de que podemos "escuchar" el silencio.

La música bella puede ayudar a abrir la puerta al silencio porque nuestra atención es llevada hacia el interior mediante el acto de escuchar. Me refiero a la música que es tan bella en su efecto sobre un ser humano, que la música misma parece venir de la santidad del Silencio. Se le ha denominado "sagrada" a tal música porque la misma resuena con la dimensión sagrada en nuestro interior y nosotros podemos sentir esto.

La calidad exquisita de este tipo de música nos ayuda a reconectarnos con nuestra naturaleza espiritual y contacta una corriente amorosa dentro de nosotros. He visto suceder esto una y otra vez cuando se toca música sagrada en retiros que he facilitado. Esta música parece que da "permiso" para dejar ir los pensamientos, relajarse y simplemente permanecer en quietud. Esta misteriosa resonancia interna con la música sagrada nos puede enseñar mucho acerca de nuestra relación con la música, el silencio interno y el escuchar. Tal vez esta es la razón de porqué la apreciación de la música de Mozart, Beethoven y Bach, por mencionar solo tres de los compositores de música clásica más grandes del mundo, no ha desvanecido dentro del ruido de la era moderna. La música que ellos compusieron todavía transmite un silencio sublime al escuchador receptivo.

Otros ejemplos incluyen la música compuesta por Hildegard of Bingen. Su música transmite una quietud espiritual que tranquiliza la mente. Lo mismo puede decirse de la música de Gurdjieff, cuyas composiciones de piano junto al compositor Thomas de Hartmann, nutren el crecimiento del alma. Estos son solo algunos ejemplos del tipo de música que pueden ayudar a facilitar el silencio interno.

La música sagrada es casi universal en su efecto de aquietar la mente y elevar el espíritu. El último movimiento de la Novena Sinfonía de Beethoven, *Oda a la Alegría*, es otro ejemplo de una música que nos abre a una vibración más fina de conectividad. Conocida también como la Sinfonía Coral, esta pieza fue inspirada por la lírica del poeta alemán Friedrich Schiller. El uso que Beethoven hizo de la voz humana junto a una orquesta para representar la unidad de la humanidad en alegría, no tenía precedente en su época. Cuando él escribió esta pieza ya estaba completamente sordo. Por años, su audición ya venía disminuyendo hasta que a la edad de 45 años, en la cima de su creatividad, no podía escuchar la música magnífica que fluía de él hacia el pentagrama. Beethoven había hecho una conexión con un océano de Silencio creador que trajo a la luz una sinfonía que no tiene rival al día de hoy. En esencia, lo que él hizo fue escribir una oración musical hacia una visión transformadora de la raza humana. Su visión, aunque no se ha podido realizar, se mantiene viva. Funciones grupales de la *Oda a la Alegría* se llevan a cabo en localidades públicas alrededor de todo el mundo, aun en centros comerciales. Esta pieza también ha sido la fuente de inspiración para el himno del Consejo de Europa y de la Unión Europea.

Beethoven era muy consciente del efecto que la música puede tener sobre un ser humano cuando dijo: "La música es la mediadora entre lo espiritual y la vida sensorial." Cuando escuchamos música sagrada con un silencio interno, nuestra conciencia del silencio se expande. En otras palabras, nuestro propio silencio amplifica el silencio que sustenta la música. Esto puede ser sanador, calmante y rejuvenecedor. Escuchar música sagrada expresa nuestra cercanía a lo divino, aun cuando esto pueda parecer estar lejos.

Johann Sebastian Bach afirmó que su música no fue creada por él, sino *a través* de él: "Interpreto las notas tal y como están escritas, pero es Dios quien hace la música", dijo. Hildegard of Bingen hizo un comentario similar acerca de la música: "Soy la lira y el arpa de la bondad de Dios." Hildegard dijo que ella "escuchaba" la música internamente antes de componerla. Según ella, la música le era dada desde lo alto.

Aunque pueda haber diferentes interpretaciones acerca de lo que hace a la música sagrada, el hilo en común es que la música sagrada nos ayuda a adentrarnos en las dimensiones más profundas del silencio por simplemente escucharla. La música sagrada puede ser una forma de meditación cuando esta nos acerca a una conciencia del silencio interno. Alguna de mis músicas sagradas favoritas incluyen la flauta tibetana de Nawang Khechog, la flauta del nativo americano Carlos Nakai, los cuencos resonantes tibetanos de Benjamin Iobst, la voz de Deva Premal y la voz y música de Chöying Drölma y Steve Tibbetts, por mencionar solo algunos.

En el escuchar un sonido hermoso con atención, sea este el sonido de un cuenco tibetano de bronce o el *Claro de Luna* de Claude

Debussy, nos ponemos en sintonía tanto con el sonido como con el silencio subyacente, esto porque el Silencio es la madre del sonido. Una vez que el cuerpo sienta la vibración silente de la música bella, la mente pensante desaparece al entrar en el acto de escuchar de forma alerta. El pensamiento retrocede sin esfuerzo de nuestra parte. El punto aquí no es perderse dentro de la música, sino el percatarse del silencio en ella y en uno. Todo lo que se requiere es simplemente relajarse y escuchar con una atención relajada.

Existe una cualidad en alguna música que no solo aquieta la mente, sino que también evoca una resonancia holística en el cuerpo físico del que escucha. Yo he tenido el privilegio de estar ante la presencia de monjes tibetanos, cuyos cánticos meditativos, junto con su uso hábil de la campana tibetana y el dorje, elevaban el silencio en un grupo de oyentes y en el recinto mismo. Mucho después de que los cánticos y la música terminaran, perduraba un silencio palpable en el aire que respirábamos. También he estado ante la presencia de músicos que sobresalen en su capacidad de tocar los cuencos de bronce, la flauta tibetana y otros instrumentos. En manos de un intérprete artificioso y atento, estos instrumentos crean una quietud de vibración sanadora, la cual resuena en el cuerpo durante horas.

Por siglos, la música sagrada ha sido una parte vital del nutrimento espiritual. Cada cultura posee su propia y única expresión. Desde la música sufí, la tibetana y la nativa americana, al didyeridú, al arpa y violín, al sitar y tabla de la India, a los cánticos sagrados en iglesias y templos y a las maravillas de la voz humana, el sonido que emana a través de la música le "habla" a nuestro deseo colectivo de estar en paz. Aldous Huxley, como filósofo y escritor, lo dijo de esta manera: "Después del silencio, lo que viene estando más cerca de expresar lo inexpresable es la música."

La relación inexpresable que existe entre la música y el silencio se me hizo clara cuando trabajé como periodista fotográfica en la Guerra de los Balcanes. En los pueblos donde la guerra se había detenido lo suficiente como para que la gente se reuniera brevemente en los lugares públicos, con frecuencia surgían conciertos pequeños e informales en aquellos lugares que se estimaba eran seguros. Estas reuniones eran una fuente poco común de alegría en medio de la angustia, pérdida y destrucción.

En una ocasión, fui invitada a un concierto en donde adolescentes estarían cantando una colección de canciones clásicas y contemporáneas. Mi labor era fotografiar menores de diferentes edades que estaban viviendo la condición de guerra, y estos niños, como tantos otros, habían padecido un sufrimiento inimaginable. Sus hogares y escuelas habían sido destruidas por fuego de mortero; algunos habían sufrido heridas durante los ataques; otros habían perdido a sus padres, hermanos o amigos; algunos vivían en campamentos de refugiados y vestían ropas que les habían sido donadas. Cada adolescente que hacía interpretaciones en el concierto había experimentado el terror de la guerra, mas sin embargo todavía querían cantar. Verlos pararse en el escenario con tal resiliencia y valor, hizo que la guerra desapareciera por un rato.

Cuando una niña de catorce años de voz encantadora interpretó *Ave María*, muchos en la audiencia lloraron. Esta canción evocadora y llena de devoción, junto a la delicadeza de la voz de una adolescente, llegó profundo hasta nuestro anhelo colectivo de experimentar algo sagrado en medio de lo profano de la guerra. Cuando la adolescente terminó su canto, el silencio colmó el salón. La audiencia estaba envuelta en una quietud profunda que tenía su base en el esplendor de lo que habíamos acabado de escuchar. Y de pronto, como si hubiese sido por acuerdo entre todos, surgió una ovación de pie, no solo por la interpretación de la adolescente, sino por la revelación de la belleza en medio de la desesperanza.

Una experiencia directa de belleza trascendente es una forma de alquimia: el yo pequeño desaparece temporalmente y una bondad sorprendente llena el espacio. Entonces es posible ver que no hay necesidad de seguir un sistema de creencias establecido por otros, pero en cambio, buscar lo que sabios y místicos encontraron por ellos mismos. La comprensión súbita de la belleza espiritual puede ocasionar un cambio significativo en la dirección de la propia vida, o pudiere que no. En el ajetreo diario de nuestra cultura movida por el afán de lucro, el añorar lo sagrado es ignorado usualmente, a menos que surja una crisis personal o una muerte cercana a nosotros de las cuales no podamos escapar.

A medida que crece el lenguaje del Silencio, también crece el valor para afrontar la fragilidad de nuestra existencia y la temporalidad de la vida. Disolver la fortaleza llamada "yo" significa enfrentar el miedo de ser irrelevante en un mundo que demanda el ser relevante, un mundo que declara que debemos competir para convertirnos en importantes o ricos. Vivimos en un mundo el cual nos ha sido interpretado por otros. Pero cada vez que la mente descansa en el silencio, nuestra conciencia se expande y eventualmente la fortaleza del yo ilusorio comienza a desmoronarse. Finalmente, en el camino que hemos creado nosotros mismos, nos salimos del medio lo suficiente como para ver que lo que buscamos nunca nos ha abandonado; su belleza siempre ha estado oculta en nuestro interior.

El Silencio es la Madre del Sonido.

La música sagrada abre una puerta al silencio interno porque nuestra conciencia es dirigida hacia adentro mediante el acto de escuchar.

Si uno escucha al silencio breve que existe entre un pensamiento y otro, el silencio se expande.

10

Percatarse del Escuchar

Sugerencia de Conciencia #3

"No le pidas a la mente que te confirme lo que está más allá de la mente. La experiencia directa es la única confirmación válida."
Nisargadatta Maharaj

Escuchar con atención lleva a uno a salir de la mente y a entrar en el momento presente. Un punto de partida sencillo es escuchar una selección de música sagrada, lo cual al principio puede ser tan corto como de tres a cinco minutos. Puede ser cualquier tipo de música suave que transmita tranquilidad. El objetivo de esto es el simplemente escuchar y percatarse de las sensaciones experimentadas y cómo la música afecta al cuerpo, la mente y el corazón. ¿Qué se siente y en qué parte del cuerpo se siente? Escuche la música, preferiblemente estando solo, aunque también podría ser en compañía de otras personas. Si es en compañía, acuerden mantener silencio hasta que la música termine. Cuando surjan pensamientos, note como ellos distraen y luego retorne a escuchar. En el momento en que se pierde la atención y entran los pensamientos, la quietud termina. Uno puede retornar al acto de escuchar con tranquilidad lo cual es el punto de entrada al Silencio, simplemente escuchando con atención.

En el *percatarse de la conciencia* del escuchar la música, tanto la música como lo que usted nota en su cuerpo y mente, adquieren mucha más claridad. Esto es un escuchar pluridimensional y el mismo puede ser increíblemente calmante. Existen muchas otras maneras de dar atención a este escuchar de forma alerta. Por ejemplo, trate de prestarle atención a sonidos que con frecuencia se ignoran, tales como el sonido que hace una ventana cuando uno la abre o la cierra o el sonido que hace la cerradura de la puerta cuando la activamos con la llave. Esto no es oír subliminalmente con una mente distraída, sino prestar atención en verdad a los sonidos que se generan. Estos momentos de escuchar, aunque aparentemente pequeños e insignificantes, nos ayudan a fortalecer la conciencia del escuchar.

Otro ejemplo de escuchar con atención que uno puede intentar en su hogar es apagar el televisor, radio y todo artefacto digital. Esto incluye el teléfono inteligente y cualquier otra cosa que pudiere distraer o interrumpir a uno. El apagar estos artefactos puede hacer que se preste más atención y que se incremente la calidad del escuchar.

Una vez desconectado el mundo digital, busque un lugar cómodo en donde sentarse, ya sea dentro o fuera de la casa. Si es menester mantener el teléfono encendido y si este timbra o vibra, incluya este ruido proveniente del teléfono como parte de la conciencia del escuchar, junto con la conversación que surja si se contesta la llamada.

A menos que sea necesario, lo mejor es no ser interrumpido, pero si esto sucediera, haga de la interrupción parte del escuchar. Nada se gana con enfurecerse, impacientarse o desilusionarse. El objetivo es percatarse de la propia conciencia del escuchar y de qué es lo que ocurre al interior de esa conciencia, incluyendo las reacciones que uno tenga.

Si uno tiene un hijo(a) y hay que atenderlo(a) de momento, entonces incluya también esta interacción a su escuchar. Lo mismo aplica si se tiene una mascota y esta requiere de atención. Es parte de la naturaleza de los perros el ladrar y de los gatos el maullar. Es lo que ellos hacen de forma natural; es algo que no pueden evitar. El escuchar incluye todo lo que uno oiga, sin ofrecer resistencia.

Una vez sentado cómodamente (o de pie si así lo prefiere), tome un momento para observar su alrededor. Si está dentro de la casa, note la forma que tiene el recinto donde se encuentre, el color de la pintura en las paredes, el contorno de los muebles y los accesorios existentes. En esta atención prestada, incluya la totalidad del recinto y cualquier sonido que allí haya. *Esté* en el recinto, no en los pensamientos que le surjan. Si se encuentra fuera de la casa, haga un reconocimiento de los alrededores; los árboles, el césped, las flores, el cielo, los pájaros, asimile la totalidad del paisaje y todo lo que se escuche.

Observe las sensaciones en su cuerpo a medida que esté escuchando. Ahora preste atención a su respiración; sienta como el aire entra por su nariz en la inhalación y cómo sale en la exhalación. Note el subir y bajar de su pecho y abdomen a medida que usted respira suavemente. La mayor parte del tiempo nosotros no nos damos cuenta de que estamos respirando.

Ser consciente de la respiración calma la mente y nos conecta con el cuerpo; hace posible el relajarse y estar en el momento presente. Cada vez que la mente divague y se dirija a pensar, regrese a la respiración. Tome el tiempo que sea necesario para calmarse y estar completamente presente en la respiración. Cierre los ojos y *esté donde usted está.*

Permita a su cuerpo eliminar todas sus tensiones. Muchos de nosotros cargamos tensiones en el cuello, hombros, abdomen o espalda, ¡muchas veces todas al mismo tiempo! Está bien. La tensión se acumula en el cuerpo, la misma es automática y no nos damos cuenta de ello, hasta que sentimos el cuello trinco o malestar de estómago.

Una vez uno nota que está tenso, ya se está en el proceso de dejar ir la tensión. Dondequiera que uno sienta tensión, debe dejarla ir. Uno debe soltarla; ya se ha cargado con ella por demasiado tiempo. La tensión roba una energía que es valiosa. Uno debe relajarse y darse a uno mismo la libertad de dirigirse hacia su interior y estar tranquilo. Y ahora se debe solamente escuchar, sin hacer ningún esfuerzo por escuchar nada en específico, sino prestar atención calladamente y sin hacer esfuerzo a los sonidos que llenan el espacio en que uno está. A medida que se continúa escuchando, uno se podría sorprender al descubrir sonidos suaves y sutiles en el hogar propio o en su entorno, los cuales nunca se habían notado antes. Estos sonidos podrían ser los del tráfico vehicular distante o quizás del gotereo de agua escapando de un grifo defectuoso; quizás uno note el zumbido de una abeja o el graznido de un cuervo. Existen muchas cosas que uno puede oír si se tiene una conciencia del escuchar que sea novedosa y alerta.

Mientras más atención uno preste a escuchar, más capas ocultas de sonido se oirán. Es un gran descubrimiento el estar recién percatado de lo que siempre estuvo ahí, pero que pasó desapercibido. Por ejemplo, cuando usted entra a la cocina a encender la cafetera, note la forma en que el agua cae en la jarra y cómo el sonido cambia a medida que el café se va haciendo. Si usted es un tomador d té, escuche con atención el silbido del vapor de la tetera y el sonido del agua caliente según esta se vierte sobre la bolsa de té en la taza.

Note los sonidos producidos al preparar el desayuno: la suavidad de la mantequilla o la jalea a medida que esta se esparce sobre el pan tostado crujiente o el sonido que hace el cereal seco mientras este sale de la caja y cae sobre el tazón. Si uno escucha de forma novedosa los sonidos que llenan la mañana, uno se podría sorprender de cuan vivificante esto podría ser. Incluya aquí a las personas que convivan con uno y a las mascotas, *escuchando* verdaderamente con plena atención a las voces de ellos y al sonido y tono de la respuesta que uno da. Esto ancla a uno al momento presente.

Si se desea en verdad explorar la autenticidad del escuchar, haga un compromiso con usted mismo para escuchar con atención durante cinco minutos al día por espacio de una semana. Si se le olvida cumplir con este compromiso, simplemente puede escuchar con atención cuando se acuerde.

Percatarse del Escuchar

Esto no es asunto de esfuerzo ni de estrés, es solo acerca del escuchar con más atención, eso es todo. Cuando uno escucha con atención, se dirige hacia su interior y en verdad conserva energía y reduce el estrés.

Lo que importa es que uno explore la transformación que puede ocurrir en la conciencia simplemente por dar plena atención al escuchar solo por cinco minutos al día durante una semana. ¡Esto podría cambiarle la vida a uno!

Escuchar de forma alerta nos enseña cuánto de la vida ignoramos cuando somos escuchadores pasivos. Escuchar es el secreto para aprender el lenguaje misterioso de la Conciencia en el Silencio.

Escuchar de forma alerta es el secreto para aprender el lenguaje de la Conciencia en el Silencio.

11

La Ternura del Silencio Nuestro viaje hasta ahora

"Mantente percatado de ti mismo y todo lo demás será conocido."
Ramana Maharshi

Cuando nosotros estamos en silencio internamente, puede surgir y desplazarse en nosotros una gran ternura. De la misma forma en que un rayo de sol sobre la superficie en calma de un lago ilumina sus profundidades, la Conciencia en el Silencio ilumina nuestras propias profundidades y nuestra propia luz. La ternura en el Ser de la Conciencia en el Silencio irradia desde el corazón e incluye a todos y a todo. Desde su anchura tranquila, podemos escuchar el susurro de la compasión surgir dentro del corazón. Podemos entonces darnos cuenta por nosotros mismos de lo que místicos y sabios han dicho por siglos. Somos los ojos, los oídos y el corazón de toda la creación; estamos en ella y ella en nosotros; es un movimiento intemporal de energía sutil pero dinámica.

El que nos sea dado un vistazo a este misterio puede alterarle el curso de la vida a uno. La vida es vista como un entero interrelacionado e interconectado y no como partes separadas. Si le hacemos daño a otra persona, nos hacemos daño a nosotros mismos.

Cualquier forma de egoísmo o crueldad es una herida a nuestra propia alma.

La Conciencia en el Silencio es nuestro cimiento y nuestro hogar verdadero. Cada vez que nos percatamos de su Presencia intemporal, también nos percatamos de la vida tan singular que brota a través nuestro; estamos *despiertos*. A medida que nuestra conciencia se expande, tenemos más libertad para simplemente *ser*. Vemos que no tenemos que pasar por la vida como si fuésemos un turista abrumado y hambriento en un autobús repleto de personas. No tenemos que sentirnos como extranjeros en un mundo hostil. Aprendemos a descartar la historia del "yo" y de "mi vida" como centro del universo.

Habiendo desmantelado meticulosamente lo falso, finalmente nos paramos sobre nuestros propios pies, solos pero no aislados. Vivimos en hermandad con otras personas, pero no dependemos de la versión de nadie acerca de lo que es la verdad. Nos damos cuenta de que no necesitamos dogmas, libros, instituciones ni gurús que nos digan quienes somos y lo que debemos hacer para liberarnos o encontrar la salvación.

Este desenmascaramiento nuestro ante nosotros mismos es un proceso interno largo y arduo para la mayoría de nosotros. A lo largo del camino, la mente del ego, tan llena de pensamientos que no cesan, de confusión y condena, se crucifica en la luz de la conciencia interna. De esta lucha interna, nace un ser humano nuevo de las cenizas del viejo yo. A mi modo de ver, este es el significado cristiano de la resurrección; el trabajo interno de transformación propia que el Cristo implicó cuando dijo: "...toma tu cruz y sígueme."[26] Él estaba señalando que nuestra identificación con el interés propio tiene que morir una muerte consciente, de modo que nosotros podamos percatarnos de lo que es intemporal y silente en nosotros.

En el sentido más profundo, nosotros *somos* la conciencia que es silente, pero hemos olvidado su Presencia en nuestro interior. Entonces un día, llenos de añoranzas y aspiraciones, comenzamos el peregrinaje interno para recordar lo que ya somos, pero que ha sido ocultado por la confusión cegadora de nuestra mente condicionada. El ver nuestro acondicionamiento puede ocurrir en un instante, pero esto es también como un largo maratón hacia un terreno empinado y escarpado, lleno de agujeros, tropiezos y engaños. Nos caemos y nos volvemos a levantar, a menudo con la ayuda de compañeros buscadores de sabiduría. Pero nuestros pasos tambaleantes son solo parte de la aventura cuando nos damos cuenta que "el punto en reposo del mundo que gira" está en nosotros. Entonces somos parteros en nuestra propia muerte y renacimiento.

En la Conciencia en el Silencio no existe un "tú" ni un "yo."

*Percatarse de nuestra propia conciencia
es el comienzo de la transformación del yo.*

*El Silencio que no conocemos con la mente ordinaria es una
calidad sutil de conciencia en donde no hay un "otro."*

*El intelecto cree conocer la verdad espiritual, pero es el
corazón el que la comprende porque es uno con ella.*

12

Silencio y el Ver

"Lo que importa no es lo que uno mire; sino lo que uno vea."
Henry David Thoreau

¿Existe una diferencia entre mirar a una persona y verla? ¿Qué tal si aplicamos esto a una montaña o a una hoja de yerba? ¿Es *mirar* lo mismo que *ver*?

En la cita anterior, el bienamado poeta, naturalista y activista social del siglo diecinueve, Henry David Thoreau, sugiere que existe una distinción entre mirar y ver y que esto es de importancia.

El trasfondo de Thoreau en transcendentalismo y su experiencia viviendo en el bosque de Walden Pond en una cabaña inestable de un cuarto hecha a mano, le dio una perspectiva que pocos de nosotros hemos considerado: la calidad de nuestra atención determina la calidad de nuestro ver.

Podemos mirar un atardecer maravilloso y no verlo en realidad porque la mente está preocupada consigo misma. Puede haber una retahíla de pensamientos de quejas, oportunidades perdidas, triunfos que han de lograrse y todos los recovecos y calles sin salida que la mente conoce tan bien. Cuando la atención se enfoca en "yo", no podemos ver lo que es verdadero. Como lo expresó tan hábilmente el filósofo y autor de la India, Sri Aurobindo: "Para poder ver, uno tiene que dejar de estar en medio del panorama."

Nosotros vemos el mundo desde el marco limitado de nuestra propia historia y perspectivas culturales. Por ejemplo, algunas personas ven a un venado en el bosque y se maravillan ante semejante belleza; otros miran la magnífica cabeza con su cornamenta y ven un trofeo de caza para ser colgado en la pared y ser demostrado a sus amistades. En el primer ejemplo hay respeto por la dignidad de la vida salvaje; en el segundo, el venado es prescindible si este trae satisfacción al ego. En este sentido, uno es lo que ve o lo que no ve.

Cuando la mente del ego no es dominante, nuestra interconexión con otras formas de vida se puede ver y entender como una relación que trasciende la gratificación personal. De lo contrario, continuaremos mirando al mundo y todos sus habitantes y *no verlos* en lo absoluto; para nosotros solo son objetos.

Con el fin de comprender mejor cómo es que nos percibimos a nosotros mismos, a otras personas y al mundo, tomaremos el mismo enfoque que tomamos anteriormente con respecto a la conciencia del escuchar. Pero quisiera enfatizar nuevamente que estas distinciones son meramente guías en nuestra exploración de la profunda relación que existe entre el silencio, el ver y lo que es visto. Esto es una forma de comprender nuestra capacidad innata de percatarnos de la conciencia que por lo general pasa desapercibida.

Con esta advertencia, podemos decir que hay tres aspectos del ver que son equiparables a los aspectos del escuchar discutidos ya. Estos son: *El ver de forma pasiva, de forma alerta y de forma silente*, los cuales se explorarán en el siguiente capítulo. Pero de nuevo, estas palabras solo son una manera de expresar las dimensiones del ver que tienen lugar con y sin quietud interna. En el Silencio total, existe solo *un* ver y *un* escuchar y nadie está haciendo nada. El oír y el escuchar y el que ve y lo que es visto están unidos y se encuentran fuera del tiempo.

13

El Ver de Formas Pasiva, Alerta y Silente

"Nadie te puede construir el puente sobre el cual tú, y solamente tú, debes cruzar el río de la vida."

Friedrich Nietzsche

Ver de Forma Pasiva

¿Cómo ve usted al mundo? ¿Existe una relación entre usted y lo que ve? ¿O se siente indiferente a lo que usted percibe, a menos que sea alguien o algo familiar? Su percepción, ¿incluye todo lo que usted ve o excluye lo que no se quiere ver? ¿Tan siquiera surgen estas preguntas en su día ajetreado? La mayoría de nosotros no vemos en realidad lo que creemos ver.

El bienamado monje y místico dominico, Meister Eckhart, hablaba con frecuencia acerca de la forma de ver que tiene lugar en el Silencio. Él se refería a este ver como "un ojo, un ver, un conocer, un amor." Este "ver" no es algo que podamos mandatar o controlar. Este ver *nos es dado* y también está *dentro* de nosotros. El ver con conciencia interna es ver nuestra relación verdadera con otras personas y con el mundo. Nuestra relación usual con el mundo es primordialmente transaccional, no racional. Nosotros vemos al mundo y a todas las personas en él como una parte fraccional de nuestra actividad en el mundo. Esto es *ver de forma pasiva,* miramos con nuestros ojos físicos y vemos solo con nuestros sentidos. En el ver, hay mucho más que esto.

A manera de ejemplo, cuando nos topamos con un empleado en una tienda por departamentos, por lo general vemos a alguien que está ahí para conseguirnos lo que queremos a cambio de un dinero. Esto es una transacción, no una relación. Llevamos nuestros hijos a la escuela para que obtengan una educación; vamos al trabajo para obtener un sueldo con el cual pagar las cuentas, gústenos o no el trabajo que realicemos. Nos ejercitamos para mantenernos en forma; nos vamos de vacaciones para relajarnos. Todos los días la vida es una transacción, por lo general de forma cortés, pero con poca interrelación auténtica. Si nos involucramos en una tarea caritativa o espiritual, lo hacemos para ayudar a otras personas, pero esto también nos hace sentir bien con respecto a nosotros mismos y con respecto a la contribución que pensamos estamos haciendo para ayudar a otros. Quizás ello nos provee un sentido de propósito y le da significado a nuestra vida, lo cual es comprensible, pero ¿vemos en realidad aquí una interrelación más profunda? ¿Existe una calidad de interrelación que trascienda todo tipo de recompensa?

Si somos totalmente honestos, casi todo lo que hacemos tiene que ver con obtener satisfacción de una forma u otra. Vivimos en un mundo transaccional; obtenemos *esto* a cambio de *aquello*. La sociedad humana está estructurada de esta manera, sin que esto suene como una crítica. Pero si deseamos comprender la complejidad de la mente del ego y como esta nos engaña para que tengamos una buena opinión de nosotros mismos, resulta útil el estar bien alertas a las muchas sutilezas que tiene el interés propio, lo cual incluye nuestras buenas obras.

Es muy difícil ver a través de los múltiples velos del mundo transaccional porque estamos demasiado condicionados a él. Hasta que no aprendamos a ver con una mayor cantidad de silencio interno, el mundo será visto de la forma en que hemos sido adiestrados a verlo desde nuestra niñez.

En el ver de forma pasiva, existe poca o ninguna relación con lo que es visto; vemos solo lo que está en la superficie de la vida, no vemos con una penetración más profunda. En esta forma de ver no existe una *relación interna* auténtica con lo que es visto, ni interés verdadero en una búsqueda que pudiere revelar la pobreza de esta forma de ver. En otras palabras, existe la experiencia sensorial de ver, pero esta es en una dirección: "hacia allá" a un objeto. No hay atención en esto y por lo tanto *no existe una conciencia interna en el acto de ver.*

Un ejemplo del ver de forma pasiva es entrar al automóvil por la mañana, conducir al trabajo o a algún otro lugar y luego casi no tener recuerdo del viaje realizado. Uno no se acuerda de casi nada de lo que vio en el camino. El ver, el conducir y el escuchar fueron de forma automática. Uno estaba "dormido" y no se daba cuenta de ello. El cuerpo pasó por los movimientos de llegar a su destino, pero uno estaba absorto en uno mismo, en los pensamientos, memorias o soñando despierto. Uno estaba ausente, no presente. El ver solo con los sentidos es caminar como un sonámbulo por la vida.

Una vez nos demos cuenta de lo mucho que nuestras vidas se consumen por este dormir despiertos, el ver de forma pasiva puede cesar. Pero antes de que esto suceda, primero tenemos que enfrentar el reto de despertar de este estado de no ver. Tal y como dijo el sacerdote jesuita y autor, Anthony de Mello: "Las probabilidades de que uno despierte son directamente proporcionales a la cantidad de verdad que uno esté dispuesto a asimilar antes de salir huyendo." Aquí es que aparece la línea de demarcación, ya que en el ver de forma pasiva nosotros no vemos más allá de nuestra zona de comodidad.

Digamos que usted está caminando por la calle y ve a una persona sin hogar que está a pocos metros de distancia y que tiene una taza para recoger limosnas de los transeúntes. Algunos de nosotros cruzarán la calle para evitar el contacto con esta persona; otros le pasarán por el lado caminando rápido y evitando el contacto de ojos; algunos pondrán dinero en su taza, sin reconocer la existencia de esta persona. Algunos pueden reconocer de alguna manera la existencia de esta persona, no importa si le dan o no dinero. Otros pueden sentirse incómodos y evitar a esta persona por ese motivo. Cada uno de nosotros exhibe una reacción diferente basada en nuestra historia personal, opiniones, juicios o falta de empatía. No podemos evitarlo hasta que nos colme la compasión, la cual constituye la verdad más profunda del potencial humano.

Menciono la carencia de hogar porque hace unos pocos años atrás, me encontraba en una parte deteriorada de la ciudad de Los Ángeles tomando fotos de mujeres sin hogar para un reportaje periodístico, el cual tenía la intención de traer a la atención pública la condición de adversidad en que vivía esta población de personas. El dormir en un banco en la calle o en una caja de cartón es una cosa terrible para cualquier ser humano, pero para una mujer esto es particularmente riesgoso. A medida que yo iba tomando las fotos, una mujer sin hogar, la cual no estaba siendo fotografiada, entró en cólera, gritando y señalándome el puño. Ella no estaba desquiciada, ebria ni endrogada; a ella simplemente no le gustaba lo que yo estaba haciendo. Aun cuando yo solicitaba permiso de la persona antes de tomarle la foto, ella no quería un fotógrafo para estar cerca en absoluto, o al menos no antes de que hubiese algún tipo de confianza en mí primero. Pese a mis buenas intenciones, desde el punto de vista de esta mujer, yo había violado su espacio privado. Ese encuentro me dio un entendimiento más profundo de las complejidades de la carencia de hogar y me enseñó a ser más sensible.

De modo que, ¿cómo ve usted a una persona sin hogar cuando se topa con una en la calle? A una persona que viva de esta manera, ¿la *ve* usted en realidad? ¿Tan siquiera *quiere usted ver* lo que está viendo? ¿No viramos la cara a veces porque las personas sin hogar nos hacen sentir incómodos y preferimos *no* mirarlos, de modo que no tengamos que sentir lo que sentimos?

El mirar internamente nuestra incomodidad sin escapar de ella requiere valor. Ayuda el tener la curiosidad para realizar la búsqueda propia a manera de poder acercarnos a la verdad acerca de nosotros mismos y del mundo y no abrumarnos por ello. Existe la claridad del silencio interno cuando vemos por debajo de la superficie de lo que miramos. Uno se percata de mucho más que uno mismo y se encuentra disponible internamente para responder con bondad. En esta dimensión del ver, puede haber una respuesta empática.

Sin la sensibilidad de esta forma de ver, uno deposita una limosna en la taza de la persona sin hogar y esto representa una transacción meramente; algo que hacemos para sentirnos mejor o para aliviar nuestra incomodidad. Es una forma pasiva de ver, en vez de un ver compasivo, lo cual nos conecta con nuestras vulnerabilidades mutuas como seres humanos.

El ver de forma pasiva es la razón por la cual no tenemos paz interna ni externa. Es el por qué el mundo está dividido y en conflicto perpetuo. Pero el ver de forma pasiva puede ser transformado en el ver interno que todo lo cambia.

¿Cómo ve usted al mundo? ¿Existe alguna relación entre usted y lo que ve? El ver con conciencia interna es ver nuestras verdadera relación con otros y con el mundo natural.

Ver de Forma Alerta

Imagine por un momento que usted está haciendo una caminata por la naturaleza y, cuando regresa a su campamento, encuentra a un oso pardo durmiendo en su caseta, a cual está en completo desorden. El oso saqueó el lugar en busca de alimento, se comió un paquete de galletas y se acostó a tomar una siesta. Pese a que la adrenalina corre por sus venas, usted se encuentra alerta y tranquilo. Usted regresa sigilosamente al bosque, asegurándose de no despertar a ese gigante dormido y se refugia en la estación del guardabosque o en dondequiera que usted pueda. En la urgencia del momento, usted es la personificación del *ver de forma alerta*, así como también un tonto por haber dejado comida en un lugar habitado por osos. El punto a establecer con este ejemplo es que la experiencia de ver el mundo no es pasiva; existe una comprensión alerta en el acto de ver. La experiencia sensorial de ver el mundo no es pasiva; en el acto de ver existe una comprensión alerta.

El ejemplo anterior es una forma de comprender que el ver de forma alerta tiene una calidad de atención que puede ser quieta y alerta cuando la mente pensante se mantiene tranquila. Pero el ver de forma alerta es mucho más que lo que puede suceder en una emergencia. También incluye la observación propia; la conciencia de la relación interna existente con lo que vemos.

Consideremos un ejemplo de algo que nos sucede a la mayoría de nosotros en algún momento de nuestras vidas: supongamos que uno visita a un ser amado o a un amigo que se encuentra en el hospital. El mero hecho de prepararnos para ir al hospital nos puede llenar de preocupación o ansiedad, porque a la mayor parte de nosotros no nos gusta estar en un hospital, aunque sea como visitante. El ver a alguien que nos importa en una situación vulnerable o de cuidado nos puede llenar de pena, temor y otras emociones difíciles.

Antes de entrar al cuarto del hospital, si nos tomamos un instante para respirar profundamente y a sentir nuestros pies sobre el suelo, nos conectamos así en el cuerpo en vez de en nuestra mente ansiosa. Podemos entonces *observar* la conexión instantánea que existe entre los pensamientos y las emociones y, de esta forma, darnos cuenta de que las emociones son dirigidas por los pensamientos. De esta forma podemos *ver* literalmente lo que hace la mente. Esta observación interna hace posible el que se esté presente para la persona que necesita de nuestra total atención. Pese a que podamos sentir internamente una gama de emociones, las mismas no nos abruman porque hay más espacio para que el silencio circule dentro de nosotros. Podemos ser entonces una fuente genuina de fortaleza y cuido cuando más se nos necesita.

El ver de forma alerta es un proceso que va en tres direcciones: uno se percata de lo que ve; se percata de lo que sucede dentro de uno a medida que uno mira y, al mismo tiempo, uno se percata de la respuesta interna y externa de uno ante lo que ve. Muchísimas cosas están sucediendo y esto puede tener lugar en una fracción de segundo. Esto constituye una relación que es mucho más compleja que el ver de forma pasiva. En este intercambio, existe menos apego al interés propio y más compasión hacia las otras personas. Tomamos más responsabilidad por lo que pensamos y sentimos porque podemos percibir nuestro papel en esta interacción, sea esta con otra persona, con un animal o con cualquier otra cosa. *Vemos* de forma diferente; es ver desde el interior, el tipo de ver que nos transforma.

A medida que va creciendo el ver de forma alerta, crece la bondad hacia las otras personas porque nos vemos a nosotros mismos en ellas, aun en aquellos a quien no conozcamos. Esto comienza con el reconocimiento de que todos nosotros vivimos dentro de un marco de preconcepciones, el mundo que vemos y experimentamos fue formado y definido para nosotros, hace mucho tiempo, por nuestros padres y abuelos; por las tradiciones religiosas y culturales; por actitudes y prejuicios acerca de género, raza y orientación sexual heredados y por nuestra propia historia individual y social, todo lo cual está almacenado en nuestra memoria y desde la cual nosotros le respondemos a los demás.

También nos damos cuenta de que, desde niños, asumimos el papel que pensamos era el nuestro, tal y como hicieron nuestros padres y sus padres antes que ellos, así como han hecho multitudes de otras personas a lo largo de siglos. Hay el reconocimiento adicional de que la manera de ver al mundo también es determinada por la ideología del gobierno en el poder; por el sistema educativo en las escuelas; por los medios noticiosos del estado y los corporativos; por la propaganda y los anuncios comerciales; por las fuerzas económicas de las cuales no sabemos nada y por la cultura dominante que margina a quienes que no poseen riqueza ni poder.

En el ver de forma alerta, nos cuestionamos la validez de nuestra manera de ver al mundo porque nos damos cuenta de cuan condicionados estamos y cuan arraigados están nuestros patrones de pensamiento. Los prejuicios escondidos y la hipocresía van saliendo a flote mientras más profundo miremos dentro de nosotros. Si somos lo suficientemente fuertes, no le daremos la espalda a lo que veamos en nosotros mismos, aun cuando no queramos verlo. En vez de esto, a la luz de nuestra creciente capacidad de "vernos" tal y como somos, sobrellevaremos la molestia de atestiguar nuestra insensibilidad, celos, arrogancia, ira o testarudez. En este proceso, no nos culparemos por lo que veamos.

Nosotros podremos sentir remordimiento debido a nuestro comportamiento poco amable, pero en el acto de *verlo,* nos podemos librar de él y por ello estar agradecidos. Le pedimos disculpas a aquellos a quienes hemos lastimado, siendo conscientes de que todo el mundo es herido de una forma u otra y que añadir al sufrimiento del mundo ya no es aceptable. Vemos que todo el mundo desea las mismas cosas; queremos ser felices, mas sin embargo no entendemos lo que es la felicidad. Y así se aprende algo que es crucial para el desarrollo espiritual.

Gradualmente, trascendemos el mundo transaccional del interés propio y comenzamos a percibir que todo en el mundo es interdependiente y está entrelazado formando un misterio trascendente, el cual puede ser sentido pero no captado. Aunque no estemos totalmente liberados del interés propio, hay una conciencia nueva acerca de nuestras tendencias egoístas, ambiciosas o insensibles. Debido a esa conciencia, uno ve cómo la mente del ego crea el conflicto y la división. En el ver esto, cambiamos desde adentro.

Aunque lejos de la perfección, hemos comenzado a sacar a la luz el acondicionamiento que suprime las relaciones, sofoca la creatividad y entumece nuestra capacidad para la espontaneidad alegre. Hay un entendimiento más claro de cómo el pasado puede ser un tirano que domina al momento presente. Esto no es intelectual, sino que va profundo dentro de nuestro ser y es el comienzo de la liberación verdadera. Con esta liberación incipiente, resulta aparente el que la mayoría de los seres humanos estén atrapados en autoengaños y sistemas de creencias que les ocasionan un sufrimiento inmenso a ellos y a otros. Y quizás por primera vez en nuestras vidas, vemos la verdad acerca de la crisis humana. Cuando esta verdad se ve, el corazón se abre de una forma en que no lo había hecho antes; dejamos de juzgar a otras personas porque vemos en nosotros los mismos defectos y fallas juzgadas y así percibimos el mundo de una manera totalmente diferente. *Nos damos cuenta de que nosotros creamos el mundo que vemos.*

Comenzamos entonces a comprender el poder del perdón de la forma en que el Cristo nos señaló cuando estaba agonizando en la cruz y dijo: "Perdónalos Padre, porque no saben lo que hacen." Esta aseveración probablemente es, de toda la literatura espiritual, la que demuestra la mayor compasión; la misma es insondable en sus implicaciones acerca de lo que significa un ser que ha realizado completamente su evolución como humano. En el tan siquiera atisbar el resplandor de un corazón tan grande, somos como niños pequeños que están tomando sus primeros pasos; ese primer paso es el ver de forma alerta.

El Ver de Formas Pasiva, Alerta y Silente

En la conciencia del ver de forma alerta, nos abrimos a las corrientes sutiles de la compasión porque estamos *receptivos* conscientemente. Nada es descartado por no pertenecer a una noción preconcebida de cómo el mundo debiera o no ser. Aceptamos la diversidad y la dignidad de la vida humana y de la no humana; todo está incluido en la gran épica de la vida tal y como la comprendemos: alegría y tristeza; sufrimiento y sanación; compasión y crueldad; pasión e indiferencia; vida y muerte. Puede no gustarnos lo que veamos, pero no nos negamos a verlo.

Existe un entendimiento claro de que la mente está dividida, no meramente porque ello se discuta en reuniones ni en libros, sino porque existe una experiencia directa en ver la división dentro de nosotros mismos mediante la búsqueda propia y los momentos de silencio. Todavía nos perdemos en nuestro propio ruido interno y caemos en la hipnosis de la vida cotidiana, pero cuando recordamos la conciencia mayor, el ver de forma alerta hace su retorno. Esta forma de ver es algo que se hace sin esfuerzo. Esto no es algo que "hacemos." Sucede con la ayuda de la atención. Uno mira una montaña y ve su magnífica belleza sin hacer comentarios internos, o uno mira fijamente a los ojos centelleantes de un niño y ve su inocencia feliz en medio de la vivacidad del momento presente, en donde no existe pasado ni futuro. Cuando nosotros percibimos de esta manera, vemos que somos una especie no terminada, con un potencial de amor que rebasa cualquier cosa que podamos imaginar. En el percibir esto, experimentamos nuestra propia integridad intrínseca.

Ver de Forma Silente

"Existe un silencio inmenso dentro de cada uno de nosotros el cual nos llama hacia él, y la recuperación de nuestro propio silencio puede comenzar a enseñarnos el lenguaje del cielo."
Meister Eckhart

Una noche tranquila en la naturaleza puede traer una muy necesitada perspectiva y relajación. En un ambiente más lento y libre de estrés, la mente se deja ir. La atención prestada a la maravilla de un cielo lleno de estrellas trae consigo una más profunda conciencia del silencio, la cual se asienta suavemente dentro del cuerpo. El dejarse ir y el estar en silencio es un regalo que no tiene igual.

Algunas veces la Presencia del gran Silencio que añoramos emerge de los alrededores, de arriba y debajo de nosotros, de la derecha y de la izquierda, a medida que el corazón acoge la noche sagrada. Y de repente, podemos comenzar a entender "el lenguaje del cielo", tal y como sugirió Meister Eckhart más de setecientos años atrás. Él describió lo que vio en el océano de la Conciencia en el Silencio de la siguiente manera: "El ojo con que veo a Dios es el mismo con que Dios me ve a mí."

La belleza trascendente que no podemos ver con los ojos físicos, está muy cerca de nosotros cuando estamos completamente en silencio. "Es solamente la mente aquietada la que ve", según expresara Krishnamurti. A pesar de haber hecho algunas distinciones acerca de las dimensiones del ver basadas en cuan atentos somos, quisiera enfatizar que cuando la mente está libre de pensamientos, existe solo un ver y es silente porque no hay un "yo" que oscurezca la percepción. Una mente que está verdaderamente quieta reconoce la conciencia en cada criatura como si fuese la conciencia propia en una forma física diferente. Esta dimensión de conciencia es el amor incondicionado mismo. Esto no puede ser comprendido por el intelecto, pero puede ser atisbado cuando la mente está en silencio. El ver de forma silente es la entrega total del yo al Yo, Dios, lo Desconocido o cualquier nombre que le demos a lo innombrable.

Místicos como Meister Eckhart y Hildegard of Bingen han dicho que el Silencio sagrado trae al universo hacia dentro del corazón. "La música del cielo está en todas las cosas", dijo Hildegard. En su visión de mundo, la creación está repleta de Presencia divina: una flor, un pájaro, un árbol, un ser humano, cada uno toca una nota musical particular en una sinfonía divina que es elegante e interminable. La perspicacia mística de Hildegard pone de manifiesto un universo espiritual en donde todo está relacionado con todo y comparte una porción de divinidad. Su visión es la misma que constituye el tema central del misticismo en todas las tradiciones y una visión de unidad que rebasa toda tradición.

Esta interrelación entre todo lo existente se expresa en el budismo y el hinduismo por medio de la metáfora de la red de joyas de Indra: una red infinita de conexiones mostrando al universo como un entero interdependiente. Nada está separado; cada joya es un reflejo de la otra y de la totalidad de la red. Para tener esta visión grandiosa y holística de la creación se requiere una mente libre de todo límite.

Cuando miramos hacia las estrellas en una noche sin luna, en un lugar donde las luces de la ciudad no se reflejen en el cielo, miles de millones de estrellas parecen hacernos un llamado a tener una visión más amplia de nosotros mismos. Pareciera como si el cielo de noche estrellada supiera algo acerca de nosotros que nosotros mismos ignoramos. Y quizás sea así. Las estrellas no solo están sobre nosotros, ellas están literalmente *dentro* de nosotros.

Desde lo que los cosmólogos llaman el *big bang,* que tuvo lugar hace más de trece mil millones de años atrás, surgieron todos los componentes de materia con los que se construyó el universo. Nacieron los sistemas solares, planetas y estrellas. Esos mismos componentes de materia están presentes en el cuerpo humano. El hidrógeno, el carbono, el oxígeno y otros elementos primordiales que se encuentran en nuestra sangre, huesos y dientes, fueron creados en los orígenes del universo y a partir de la explosión de estrellas que se formaron poco después. El famoso astrónomo, Carl Sagan, dijo que "nosotros estamos hechos de cosas provenientes de las estrellas." Quizás cuando miramos a las estrellas, nosotros tenemos resonancia interna con el misterio que las creó y por tanto con nuestro propio misterio.

Lo que existía antes del *big bang* es, por supuesto, la pregunta que no tiene contestación. Sabios y místicos han afirmado sobre la existencia de una conciencia primigenia que precedió todo lo que vemos. Se dice que la Presencia eterna le da vida al universo y que también existe dentro de él. En los Upanishads de la India se dice que desde este Silencio primigenio emanó el sonido inicial del cosmos, el OM o AUM, el tarareo primero del universo que vibra en toda la creación aun hasta el día de hoy. El mismo vivifica todo lo que jamás fue, es y será. Se puede frasear de la siguiente manera: al principio estaba el Silencio, luego el sonido, después la luz y la explosión que creo las estrellas, la Tierra y eventualmente a la especie humana. En algún momento desconocido del tiempo, todo retornará al Silencio primordial.

Desde la perspectiva judeocristiana, las primeras líneas del Génesis describen la creación del universo así: "En el principio Dios creó los cielos y la tierra. La tierra no tenía forma y estaba vacía, y la oscuridad reinaba en las profundidades. Y el espíritu de Dios se cerne sobre las aguas. Y Dios dijo, 'Hágase la luz', y hubo luz."[27]

Unos cuantos versos después, se introduce la especie humana: "...Entonces el Señor Dios dio forma al hombre del polvo de la tierra, y sopló hacia adentro de sus fosas nasales el aliento de la vida; y el hombre se convirtió en un ser viviente."[28] La implicación de esto es que Dios o el Silencio Desconocido creó al mundo visible a partir de una reserva de creatividad desconocida, y que la cara o el Ser de Dios está reflejado en todo lo creado. Y para hacer esto aún más misterioso, la implicación del Génesis es que el aliento de Dios circula dentro de nosotros. Por lo tanto, la conciencia divina se mueve constantemente por nosotros aunque no nos percatemos de ello. El estar unido con esta Presencia intemporal es el derecho por nacimiento de cada ser humano, pero no le damos la suficiente atención a nuestras posibilidades sublimes.

En la cosmología antigua hindú, en vez de solo un *big bang* que creo al universo, se dice que la creación es cíclica: el universo aparece y desaparece en grandes extensiones de tiempo inconmensurables, expresado esto en la metáfora de los Días y Noches de Brahma. Este proceso comienza y termina en Silencio. El Dalai Lama, quien ha estado dialogando con científicos y físicos por más de dos décadas, ha sugerido la existencia de, no solamente uno, sino de múltiples *big bangs*, lo cual parece corresponder con la visión hindú. Lo único que puede decirse con cualquier grado de certeza, es que no podemos saber la naturaleza de la realidad utilizando nuestra mente condicionada. Solo sabemos que tenemos algo en común con los elementos primigenios en las estrellas que se encuentran sobre nosotros.

El astronauta de la misión Apollo, Edgar Mitchell, el sexto hombre que caminó sobre la superficie lunar, sobrevino a un entendimiento nuevo de su relación con las estrellas cuando estuvo muy lejos de la Tierra. Cuando su trabajo en la misión lunar se completó y él pudo estar tranquilo y relajado, miró hacia afuera de la ventana de su módulo lunar para ver a nuestro pequeño y bello planeta en el espacio. Y entonces sucedió algo inesperado. Mitchell experimentó un "sentido de interconexión con los cuerpos celestes que rodeaban su nave espacial...su autoridad silenciosa me estremeció hasta el tuétano de los huesos."[29] Él dijo sentir una "quietud maravillosa" que permeó toda la cabina de su nave y, dentro de sí mismo, experimentar "un éxtasis de unidad." Por un momento sublime, él estaba en unión silente con la totalidad del cosmos. Mitchell encontró una verdad espiritual y esto transformó su vida.

El cosmos está en nosotros y nosotros en él. Nosotros *somos* el ver que ve esta verdad. Dentro de este ver está la plenitud de la compasión, lo que Mitchell llamó el "éxtasis de unidad" que sintió con todo lo que vio. La compasión es una energía recíproca que circula entre el que la da y el que la recibe y aun alrededor de ambos, llenando la atmósfera de ternura y amor. Personalmente, he visto en hospitales del frente de batalla esta reciprocidad amorosa entre los civiles heridos y el personal que los atiende. El sentarse junto a la cama de alguien, sostener su mano y permanecer en comunión silente con esta persona, es un acto de compasión que afecta a todos los presentes, aun cuando uno no esté involucrado directamente.

A través de la historia, los sabios nos han demostrado repetidamente que el camino a la paz y la armonía es el tener compasión por los demás. Pero somos muy lentos en aprender esto. La división y el tribalismo están arraigados profundamente en el cerebro. Esta parece ser la razón de porqué cada generación de buscadores de lo espiritual, en todos los continentes, necesitan escuchar una y otra vez el mismo mensaje de entendimiento mutuo y compasión, dicho por diferentes voces, en diferentes lenguajes y de diferentes maneras que se acomoden al lugar y al tiempo en cuestión. El mensaje no es nuevo, pero se renueva constantemente. Consistentemente se nos pide que: "Tira para afuera todos tus engaños con los cuales has caminado de forma torcida y haz un corazón nuevo y un nuevo espíritu."[30]

Si podemos "tirar para afuera" o trascender el tribalismo y las divisiones que se crean producto de la mente condicionada, podemos simultáneamente rehacer el mundo con compasión para con cada uno de nosotros y para con toda forma de vida porque ha desaparecido lo que nos divide. Y, claro está, la compasión es también el mensaje central del Buda y del Cristo. Recientemente, el Dalai Lama hizo un comentario extraordinario relativo a la compasión: "mientras más compasiva sea nuestra mente, mejor funciona nuestro cerebro."[31]

Esto corresponde también a lo que Krishnamurti decía con frecuencia acerca de la necesidad de una unión de la mente con el corazón: "Solamente una mente libre sabe lo que es el amor." Hablando acerca de la compasión, Krishnamurti la vinculó con lo que llamó el "arte de ver." Él dijo: "El ver es la única verdad. No existe nada más." Esto puede sonar desconcertante, pero a lo que Krishnamurti se refería era ver de forma silente con los ojos de la compasión; este es nuestro llamado más elevado. Es también la verdad subyacente de todas las enseñanzas espirituales de sabiduría.

Una mente silente abre el corazón.

14

El Ver una Flor

Sugerencia de Conciencia #4

*"Si uno toma una flor en sus manos y la mira detenidamente,
ella se convierte por un momento en el mundo de uno."*
Georgia O'Keefe

En la sugerencia de conciencia del ver que sigue a continuación, una de las bellezas más pequeñas del mundo será nuestra guía hacia una más profunda conciencia interna. Esto no es una práctica ni una técnica; todo lo que se necesita es darle nuestra atención a lo que vemos. Tome nota una vez más de la palabra "dar." Como se mencionó antes, el dar atención es un acto que aquieta la mente y abre la puerta interna hacia una corriente más sutil de escuchar y ver. Una vez esta puerta ha sido abierta, hay mayor receptividad para que fluya la Conciencia en el Silencio a través de uno.

Comencemos por visualizar lo que sería si uno mirase una flor detenidamente utilizando toda nuestra atención plena y sin desviación.

Una flor es una de las creaciones más bellas de la naturaleza. Las flores nos traen alegría simplemente porque existen. Ellas colman al mundo de color y fragancia. Cualquiera que haya recibido un ramo de flores entiende el poder que ellas tienen para levantarnos el ánimo.

Cuando uno le da su atención a una flor, sea esto en el huerto o en el campo, ¿qué es lo primero que uno nota? Si miramos la flor sin hacer ningún esfuerzo, sin pretender estudiarla, pensar acerca de ella o evaluarla, ¿qué es lo que uno ve? ¿Podemos mirar una flor sin ponerle ninguna etiqueta o comentar sobre ella internamente?

Quizás lo primero que uno nota es su color, tamaño y forma. La mente entonces nos dice su nombre: una margarita, una rosa, un lirio o cualquiera que sea el nombre que se le ha asignado a dicha flor. Quizás uno perciba su fragancia. Si uno mira más de cerca, podrá notar el tipo de suelo en el cual dicha flor vive y en el cual morirá. Su tallo, flores y hojas forman un cuerpo delicado el cual tendrá un período de duración corto. Uno puede apreciar su belleza frágil. La flor puede estar aquí ahora pero no mañana. Quizás al darnos cuenta de que esta flor hermosa morirá pronto, nos sentimos más conectados con ella y también con nuestra propia vida y muerte. La flor es temporal, así como lo es nuestro cuerpo. Nuestros cuerpos duran por una cantidad de años específica y luego desaparecen. Nada es permanente, ni tan siquiera la Tierra y el sol.

Una flor silvestre, en su relación tierna e impredecible con la naturaleza, vive en la misma incertidumbre que nosotros. Más sin embargo, en cada estación las plantas vuelven a florecer. Mientras miramos la flor fijamente, a lo mejor una abeja aterriza en sus pétalos a beber del néctar y recoger polen, lo cual ayuda en la reproducción de la planta. La abeja y la flor tienen una relación mutuamente beneficiosa. Este hecho está ahora vivo en nuestra conciencia.

A medida que continuamos observando la flor, nuestros pensamientos cesan debido a la atención que prestamos a su belleza o a la forma en que la luz solar se refleja sobre ella o en cómo dicha flor se mueve al compás de una brisa suave. Uno nota que la flor responde a su entorno de la misma forma en que uno lo hace, solo que ella lo hace en silencio, inadvertido por los seres humanos, hasta ahora, en este momento en donde uno está completamente presente y ve su capacidad de respuesta: sus interacciones con el aire, la lluvia, el sol, el viento, el suelo, los insectos, la vida silvestre y con el comportamiento humano.

Una flor vive en medio de fuerzas de la naturaleza y las creadas por los humanos, el conjunto de las cuales la pueden alimentar pero también matar. En el hecho de *ver* la realidad de esto, no con la mente pensante sino desde la conciencia del ver, la relación de uno con la flor de repente se hace más evidente: uno está conectado con todo lo que la flor lo está. Simplemente esto no había sido "visto" antes.

Estando en un contacto más profundo con algo que uno había dado por sentado antes, una resonancia misteriosa tiene lugar al interior de uno a medida que la atención envuelve a esta delicada flor. Uno se abre por completo a la flor, de la misma forma que ella lo ha hecho con uno. Uno puede sentir afecto, inclusive amor. De repente la flor no es un mero objeto para ser utilizado y desechado, tal como sucede con tantas otras cosas que descartamos tan descuidadamente. Ahora uno ve por sí mismo que incluso una sola flor es parte del gran y misterioso tejido de la vida. La flor nutre abejas, colibríes, mariquitas y mariposas. Ella añade belleza al paisaje y, aunque su vida es breve, la flor le confiere una fortaleza sutil a cualquiera que pueda apreciar su existencia delicada. Por el mero hecho de prestar atención a la quietud viviente de la flor, uno se aquieta internamente. Esto es en realidad sorprendente. Es como si la naturaleza supiera lo que uno necesita y nos lo da gratuitamente. La clave está en la atención que uno preste.

En el silencio de la conciencia del ver, pudiera ser posible aun el discernir con una visión interna sutil que una flor posee su campo vibratorio de vida propio, el cual no puede ser comprendido mediante la mente ordinaria. Sea una orquídea, un tulipán o un narciso, el nombre que le demos a una flor *no constituye* lo que ella es. Nosotros solamente pensamos saber lo que una flor es porque le asignamos un nombre y un conjunto de características. Esto es lo que hacemos con todo lo existente en el mundo natural, hasta que aprendamos a romper con el hábito de creer que *sabemos*.

Aunque podamos disecar una flor, observarla bajo el microscopio y categorizar sus componentes materiales, esto no nos dice lo que la flor es. Una flor es algo más que sus componentes, de la misma forma que lo somos nosotros. Nosotros no nos creamos a nosotros mismos, ni al universo ni a las flores silvestres en este planeta, de manera que ¿cómo podemos resolver con nuestra mente finita el misterio que constituye una flor y mucho menos la grandeza de la creación? El ver que nosotros no vemos nos conduce a la humildad. *El ver que no vemos es el comienzo del ver.*

Luego de haber pasado unos momentos silentes con la belleza de la flor, lo cual constituye una comunión con la belleza y el silencio, retornamos al ajetreo de la vida, pero ahora tenemos una cualidad más sutil de conciencia. Cuando aparezcan los pensamientos, nos daremos cuenta de que ellos aparecen y desaparecen todo el tiempo. Es la naturaleza del pensamiento el ir y venir, llegar y marcharse. De modo que hacemos una inhalación profunda y descansamos la mente fijándonos en la exhalación. Siempre podemos retornar a la respiración para encontrar descanso de la mente pensante. No olvidemos que una respiración consciente anula el pensamiento.

Darle atención a solamente tres respiraciones completas, inhalación y exhalación y dejar que los hombros, cuello y el cuerpo entero se relajen con la exhalación, puede hacer maravillas para eliminar el estrés porque esto aquieta la mente.

Ser consciente de la respiración nos conecta con el todo de la creación y con la Presencia intemporal que se encuentra en el fondo de la vida.

Por el mero hecho de prestar nuestra atención a la quietud viviente de una flor, nos aquietamos internamente a nosotros mismos.

15

La Otra Orilla

"Aquellos que buscan el camino fácil no buscan el camino verdadero."
Dōgen Zenji

En el mejor sentido de la palabra, lo que se denomina en las tradiciones religiosas como "camino" hacia la liberación o salvación, es un florecer espiritual gradual de un estado de egocentrismo a una manera amorosa de ser. Así como una flor abre sus pétalos gradualmente ante la luz mañanera, la luz de la sabiduría y la compasión se extiende gradualmente ante la percepción espiritual profunda de la observación propia hecha sin enjuiciar. Para ponerlo de otra manera; la búsqueda de la verdad espiritual es una labor que se hace desde el interior. La autoridad del dogma es solo un desvío. El gran maestro zen, Dōgen Zenji, era diáfanamente claro sobre esto cuando aconsejaba a aquellos que venían a él buscando guía: "Si no puedes encontrar la verdad justo donde estás, ¿en qué otro lugar esperas encontrarla?" Dōgen estaba sugiriendo que el lugar a buscar es dentro de uno mismo.

El camino hacia el despertar y hacia la libertad interna se encuentra bordeado con las minas terrestres del interés propio. Para ver con claridad que estamos la mayor parte del tiempo en un estado de dormir despiertos, constituye un proceso para la mayoría de nosotros. Sin embargo, el despertar también puede ocurrir instantáneamente cuando la mente está aquietada, ya que una mente aquietada es receptiva a la Conciencia en el Silencio. Aun cuando una experiencia de Conciencia en el Silencio directa puede que no dure mucho tiempo, lo que se aprende en esta dimensión del ser nos cambia. Momentos como este nos hacen claro de que la mente condicionada oscurece la Realidad oculta dentro de nosotros.

Como se mencionó anteriormente, la Conciencia en el Silencio no es algo que uno *sepa;* es la revelación del misterio de lo que uno es. Esto trasciende todas las tradiciones religiosas y organizaciones espirituales, pero no las excluye. Lo que se requiere para la transformación interna es la disposición a renunciar a lo viejo en aras de lo nuevo. Es un dejar ir completamente la identidad personal a la cual nos aferramos, lo que constituye un sacrificio voluntario que requiere valentía. Una metáfora para este dejar ir es la de un pájaro muy joven, que nunca ha volado antes y debe dejar la rama del árbol a manera de poder volar. El volador valiente remonta hacia una vida nueva. Para nosotros, la remontada es, por supuesto, mucho más complicada porque la estructura de la mente del ego, con sus temores y conflictos, se resiste a liberarse de sus propias ataduras. He aquí porqué el aprender a escuchar y a ver con silencio interno es tan útil y porqué se menciona en cada capítulo de este libro. Sin una calidad más fina de escuchar y ver, estamos desconectados de la parte más profunda de nuestro ser.

Nuestro yo forjado por la mente es como un salón de espejos en un circo. A medida que uno mira su reflejo en los espejos, las curvaturas convexas de los mismos distorsionan la percepción que uno tiene de sí mismo. La cara y el cuerpo aparecen alongados, contorsionados y hasta grotescos. La única forma de poder ver con claridad es alejándose de los espejos engañosos. ¡El hecho de *poder* alejarse es en sí un alivio! Nosotros podemos hacer lo mismo con la discordia de la mente parlante simplemente observándola.

La armonía del silencio interno es descrita por Shāntideva en *El Sendero del Bodhisattva* como "un hombre ciego que ha encontrado una joya dentro de un montón de polvo." Esta es una metáfora magnífica porque hace énfasis en el valor inestimable que tiene el ver hacia nuestro interior. El Mundaka Upanishad describe el ver esta joya interior como la luz del Yo en el centro de nuestro ser: "Brillante pero escondida, el Yo mora en el corazón." Nosotros podemos tener destellos de este Yo cuando se calma la mente condicionada, soltando la autoridad tenaz que ella ejerce sobre nuestra relación con la vida. Entonces, la mente y el corazón se pueden abrir a la compasión completamente.

Esto nos trae a las enseñanzas de la sabiduría compasiva del Buda y del Cristo. De diferentes maneras, ellos nos piden que dejemos ir lo que *no* somos, de manera que podamos ser lo que en realidad somos. Ellos contaron historias poderosas y transformadoras para ayudarnos a ver nuestras propias posibilidades. Ambos caminaron por la Tierra cuando la narración era la forma principal de transmitir una enseñanza de sabiduría.

En la antigüedad, las tasas de alfabetismo eran extremadamente bajas en el mundo; no había imprentas ni librerías. Los libros en manuscrito y encuadernados en cuero los poseían y leían casi exclusivamente las élites y el clero. En nuestro mundo tecnológico, resulta difícil imaginar cómo la gente común vivía miles de años atrás. Si ellos deseaban comprender los misterios de Dios o lo desconocido, buscaban la opinión de líderes religiosos o escuchaban las parábolas de profetas y ascetas errantes, los cuales contradecían a veces lo que las autoridades religiosas decían. Muy pocas personas tenían el tiempo libre o la libertad para llevar a cabo, de forma independiente, una búsqueda espiritual por sí mismos. Era un mundo muy diferente, de forma que un maestro de sabiduría tenía que ser a su vez un narrador de historias.

Tanto el Cristo como el Buda, narraban historias que se referían a lo que significa el ver y el escuchar sin la interferencia de la mente condicionada. A manera de ilustración voy a resumir dos historias muy queridas, las cuales comparten semejanzas pero que también contienen diferencias. Una de ellas fue narrada por el Buda y la otra por el Cristo.

Comencemos con una de las historias más apreciadas atribuidas al Buda, la denominada Parábola de la Balsa. La misma trata sobre un buscador espiritual que quiere ser libre internamente, pero esto requiere que él se adentre en lo desconocido. La historia es como sigue: un hombre está varado en la ribera de un río muy turbulento, en donde existe agitación, confusión y peligro. En la otra orilla del río hay paz y calma; es un lugar que su corazón añora.

El hombre desea urgentemente cruzar el agitado río para llegar a la otra orilla, pero no parece haber forma de hacerlo, ya que no hay ni un puente ni un transbordador. Si tratase de nadar, podría ahogarse, pero a la misma vez existe peligro si se queda donde está. El hombre se da cuenta de que para rebasar lo que le está limitando, debe encontrar una manera de cruzar el río, así que construye una balsa hecha de troncos, enredaderas y ramas. Entonces con gran esfuerzo y valentía, utilizando toda su fuerza y persistencia, rema con cuidado para cruzar el feroz río. Aunque el río es violento y la jornada agotadora, logra cruzar a la otra orilla y arrastra la balsa fuera del agua.

Luego de un lapso de tiempo en silencio para que la historia sea captada plenamente en la mente de los que escuchan, el Buda les pregunta, ¿qué debería hacerse con la balsa una vez se ha llegado a la otra orilla: debe la persona descartarla o quedarse con ella? Lo que surge de las respuestas obtenidas es que la persona puede dejar la balsa atrás, ya que no se necesita más.

El significado de la historia puede ser interpretado de varias maneras. Esta es la forma en que yo lo veo: El río turbulento es la mente pensante o del ego, atrapada en las aguas caóticas del conflicto o sufrimiento porque ella divide al mundo en "yo" y "lo otro." El hecho de que el hombre vea la dificultad de su situación, sugiere que él está preparado para hacer un cambio radical, así que construye una balsa y cruza el feroz río, lo que señala hacia su voluntad para sacrificarlo todo en aras de encontrar la verdad. La balsa representa también el apoyo brindado por las enseñanzas del Buda, las que para los budistas son la forma de salir del río del sufrimiento. La jornada difícil para atravesar el peligroso río señala también hacia la atención que es necesaria brindar para poder ver finalmente que el río turbulento no está "allá fuera." La turbulencia está dentro de *nosotros*.

La Parábola de la Balsa apunta hacia el trabajo interno de despojarse gradualmente de lo que es falso para poder destapar lo que es real, una tarea monumental para la mayoría de nosotros, no porque sea imposible, sino porque nosotros mismos nos interponemos en nuestro propio camino hasta tanto haya un compromiso interno de recorrer la distancia para llegar a la otra orilla. La respuesta a la pregunta de lo que debe hacerse con la balsa una vez se ha llegado a la otra orilla, sugiere que cuando se haya revelado el Ser interno trascendental, la "balsa", la cual es una metáfora para las enseñanzas, puede ser reconocida con gratitud, pero ya no es necesaria como antes. La enseñanza era meramente un indicador que ofrecía ayuda, pero ya no es necesaria porque la travesía a través del río turbulento de la auto realización no es un viaje en lo externo, solamente parece serlo. Nadie va a ningún sitio. Nosotros somos la balsa, el río *y* la otra orilla. En este sentido, nosotros no podemos ser salvados por una enseñanza ni por un maestro. Ellos pueden brindar una guía, pero nosotros debemos salvarnos a nosotros mismos de nuestros propios engaños.

Las enseñanzas del Buda referentes a la ubicación interna de la "otra orilla" tiene paralelos en el cristianismo. Por ejemplo, en el Evangelio de Lucas el Cristo dice: "La venida del reino de Dios no es algo que pueda observarse. Ni tampoco las gentes dirán 'aquí está' o 'allá está', porque el reino de Dios está dentro de vosotros." La "otra orilla" y "el reino de Dios" son el Ser transcendente, la Conciencia en el Silencio que vive dentro de cada uno de nosotros.

Cuando se le preguntó al Cristo durante el Sermón de la Montaña porqué hablaba en parábolas, él dijo: "Les hablo en parábolas porque aunque ven, ellos no ven; aunque oigan, ellos no escuchan, ni tampoco entienden." En otras palabras, las multitudes que lo seguían no podían ver ni escuchar desde una conciencia más profunda; ellos estaban atrapados en el interés propio. Nosotros no somos muy distintos de nuestros ancestros. El Cristo narró historias que ubicaban al oyente dentro de la narrativa de la misma, para poder así llevar una verdad espiritual que de lo contrario hubiese pasado desapercibida. Para aquellos que estén lo suficientemente aquietados internamente como para poder escuchar con atención, algo nuevo puede aprenderse escuchando una historia que tenga profundidad espiritual.

Esto me trae a la parábola del Buen Samaritano, una historia que habla acerca de la polarización del mundo contemporáneo, tanto como lo hizo en los tiempos bíblicos. Esta querida historia está diseñada para penetrar las paredes de la mente del ego, de modo que su mensaje de unidad y compasión pueda ser revelado en el corazón. Al igual que la Parábola de la Balsa, la historia del Buen Samaritano apunta hacia otra dimensión del ver.

La parábola comienza cuando un erudito religioso discutidor le hizo la siguiente pregunta al Cristo: "¿Quién es mi vecino?" El Cristo respondió relatando una historia que ilustra cómo nuestro comportamiento hacia los demás puede ser determinante para que una persona viva o muera. Él les contó al erudito y a la multitud que escuchaba acerca de un hombre que había sido asaltado, despojado de su ropa, golpeado malamente y abandonado a su suerte en el camino. (En esta etapa temprana de la historia, ya muchos oyentes se estaban viendo a sí mismos en el lugar de la persona lastimada, así que desde el principio ellos estaban interesados en lo que seguiría a continuación).

El Cristo continuó con el relato diciéndole a la multitud que, aun cuando varios hombres piadosos y religiosos se habían encontrado con el hombre moribundo, nadie se detuvo para socorrerlo. De hecho, estas personas cruzaban al otro lado del camino para evitar al herido. Nadie ofrece su ayuda. (En este momento, los oyentes están todavía más conectados con lo que sería la suerte del hombre herido. La pregunta en sus mentes podría ser: "¿Qué si esto me sucediese a mí?")

La historia continúa con la introducción de un viajero proveniente de Samaria, conocido como un samaritano, quien llega a la escena y se detiene. El samaritano ve la condición tan terrible en que se encuentra el hombre maltratado e inmediatamente le ofrece asistencia. El samaritano es la primera persona en ofrecer ayuda y lo hace con generosidad. Él trata las heridas del hombre lastimado y le brinda agua y ropa. (Como verán ustedes luego, el hecho de que un samaritano se haya detenido para ofrecer ayuda es un punto importante en la parábola).

El samaritano entonces levanta suavemente al hombre herido y débil y lo sube a su burro. Procede a llevarlo, alejándose mucho del camino que llevaba, hasta una posada en donde el herido podía descansar y sanar. El samaritano inclusive le pagó al posadero por el alojamiento y por todos los gastos en que se incurriría mientras el hombre se recuperara del casi fatal asalto. A medida que la multitud asimila la totalidad de la historia, el Cristo se vuelve hacia el religioso erudito y le pregunta cuál de los transeúntes actuó como un vecino para el hombre herido. El erudito contestó que fue el hombre que le demostró misericordia. Ahora la historia no solo tuvo un efecto poderoso en la multitud, sino que el erudito religioso santurrón que hizo la pregunta "¿Quién es mi vecino?", se da cuenta de que *cualquiera* que necesite ayuda es tu vecino. El Cristo le dice entonces: "Vete y haz lo mismo."

Para captar el mensaje tan extraordinario que tiene la parábola, es importante notar que en la Israel bíblica los samaritanos eran considerados parias y enemigos, mas sin embargo fue un "paria" quien salvó al herido mientras los hombres religiosos lo abandonaron a su suerte. La parábola ilustra claramente la falsedad de nuestra visión tribal del "otro" y que aquellos que definimos como enemigos pueden que tengan más compasión que la que tenemos nosotros. La parábola nos pide que nos veamos a nosotros mismos *como* el otro.

Cuando esto sucede, la compasión florece y cesan las divisiones que nosotros creamos. Las parábolas como la del buen samaritano están diseñadas para darle la vuelta al intelecto e ir directamente al corazón, en donde dicha parábola puede ser sentida como una verdad espiritual. Las personas en la multitud que tenían la capacidad para escuchar desde un nivel de conciencia más sutil, podían percibir rápidamente sus propios prejuicios y su propia tendencia a ignorar el sufrimiento de las otras personas. Si estas personas eran receptivas de verdad a lo que el Cristo estaba diciendo, tenían que enfrentar sus prejuicios cara a cara y tener compasión por el "otro" porque este otro es también uno mismo. Esta fue una enseñanza radical para su tiempo y no es menos radical hoy día.

La parábola del Buen Samaritano es tan válida hoy como lo fue más de dos mil años atrás. En palabras de Martin Luther King: "Todos estamos atrapados en una red ineludible de mutualidad, atada en una sola prenda de destino. Cualquier cosa que afecte a uno directamente, afecta a todos indirectamente." Todos estamos conectados, interrelacionados y somos interdependientes. La totalidad de la creación es parte de nosotros, así como nosotros somos parte de ella. Ir más allá de la violencia requiere una comprensión compasiva de nuestra "mutualidad" y de nuestro deseo compartido de ser feliz.

El Cristo y el Buda vivieron desde el amor infinito de la Conciencia en el Silencio. Aun cuando ellos vivieron siglos de diferencia el uno del otro y provinieron de diferentes países y diferentes culturas, la sabiduría de sus enseñanzas se unen en el mensaje transformador de la libertad interna y la compasión por los demás. Para nosotros, el trabajo interno consiste en traer atención relajada al escuchar y al ver de forma alerta y a dejar ir aquello que nosotros *no* somos. Esto significa abandonar la pretensión absurda de que somos más o menos que las otras personas. El escuchar y el ver desde el silencio interno nos conecta los unos con los otros y construye el puente que nos transporta fuera de la pena del pequeño yo, a la orilla del amor incondicional.

16

La Noche Oscura

"El aguante ante la oscuridad es la preparación para una gran luz."
San Juan de la Cruz

Tal y como uno puede haber notado en su propia vida, la búsqueda espiritual no es lineal. Quizás pueda visualizarse como un espiral, un girar gradual hacia y entonces hacia afuera del silencio interno que sana las divisiones de la mente del ego. A medida que la mente se torna más aquietada, hay equilibrio hasta que la interrupción de la mente parlante surge nuevamente y se reanuda el movimiento hacia el ruido mundano. Y a veces justo cuando la quietud interna gana ímpetu, la impredecibilidad de la vida irrumpe con una experiencia de pena y pérdida; un ser amado muere o nos enfrentamos con nuestra propia muerte o con una enfermedad que altera la calidad de vida. Algo perturbador puede suceder que ocasione una crisis externa, desconectándonos de la búsqueda interna o aun de la vida misma.

La manera que toma esta crisis es diferente para todo el mundo, pero resulta común el sentido de soledad o aislamiento espiritual. A esta crisis interna se la ha denominado como la "noche oscura" y la "noche oscura del alma", porque hay un sentimiento de vacío espiritual junto con cuestionamientos desconcertantes acerca del sentido y significado de la vida. Pese a sus retos internos muy dolorosos, la noche oscura puede ser una enseñante de sabiduría.

La lección fundamental que enseña la noche oscura es que, por enfrentar nuestro sufrimiento sin ocultarlo o suprimirlo, surge un entendimiento ilustrado de lo que es el sufrimiento. Nos damos cuenta, no intelectualmente sino desde nuestro propio corazón, que el sufrimiento es universal para todos en el planeta, incluyendo los animales y todos los seres en el mundo natural. Sale a relucir una sensibilidad mayor al sufrimiento que infligimos a otros, y entonces puede surgir una percepción más profunda que es transformadora: la pérdida, la pena y la muerte nos pueden enseñar a cómo vivir. La experiencia de pérdida es a menudo el precio a pagar por el florecer de la compasión y la trascendencia del yo.

En términos conceptuales, a la noche oscura se la ha identificado estrechamente con los místicos que han escrito acerca de sus experiencias directas de unión con lo divino y su culminación inevitable; cuando el gran Silencio de amor incondicionado envuelve repentinamente el corazón y, con igual prontitud, desaparece. En este contexto, la noche oscura es tanto sublime como austera porque se recoge sabiduría interna como consecuencia del paso hacia la oscuridad.

El monje y místico español del siglo dieciséis, San Juan de la Cruz, habló elocuente y apasionadamente acerca de su experiencia de unificación con y separación de, el amor divino, al cual se refería como el Bienamado. En una estrofa particularmente evocativa escribió:

"¡O noche que me guiaste,
O noche más encantadora que el amanecer,
O noche que uniste al Bienamado con el amante,
El amante transformado en el Bienamado!"[32]

El amante al cual se refiere en el poema es, por supuesto, su autor, San Juan de la Cruz y, cuando se encuentra rodeado por el amor incondicionado del Bienamado, él es transformado. Lo que se sugiere aquí es que la fusión de las energías humana y divina crea el éxtasis indescriptible de la Unicidad, una unión que representa, en todas las tradiciones, lo más elevado de la posibilidad humana. Dicha unión, sin embargo, rebasa a todas las tradiciones.

A todo lo largo de su vida, San Juan escribió de forma conmovedora acerca de su relación íntima con el amor divino. Su poesía nos puede ayudar a comprender esta intimidad trascendente. También dicha poesía nos puede ayudar a comprender su amargo contrapunto: el dolor inevitable de la separación, la cual San Juan llamó la noche oscura. En uno de sus poemas más hermosos, el escribió:

"¿Dónde te has escondido, Bienamado, y me has dejado aquí gimiendo?
Huiste como el ciervo, luego de haberme herido;
Fui tras de ti llamándote, y te habías marchado."[33]

La pérdida de la unión interna con el Bienamado llevó a San Juan de la Cruz hacia la noche oscura. Para alguien tan sensible y devoto al yo interno como lo era San Juan de la Cruz, esta separación era una herida espiritual que penetraba profundo dentro de su corazón anhelante y que lo dejaba al borde de la desesperanza. A la noche negra se la puede ver como un pesar sagrado, una añoranza tierna y candente para un retorno a la unión divina. Y esto tiene su manera propia de vaciar el ego de sus engaños ocultos; toda forma de interés propio debe desaparecer ante el servicio a algo más elevado.

Tal y como lo expresa su poesía, la añoranza intensa de San Juan de la Cruz es hacia un retorno al estado unitivo de ser. Esto fue por lo que él vivió y por tanto, para él era doloroso soportar la pérdida de la comunión con el Bienamado, al punto de escribir con gran ternura acerca de este proceso "hiriente." Para poder trascender semejante pérdida, se hace necesaria una reconciliación de la realidad doble existente en la relación humano-divino. San Juan se dio cuenta de que

Conciencia en el Silencio

el estado unitivo de conciencia no puede sostenerse por la voluntad humana y ese es el lamento del alma. Pareciera ser que una experiencia de amor divino solo dura hasta tanto la mente y el cuerpo puedan mantenerse en silencio ante la presencia de la belleza abrasadora de dicho amor.

San Juan de la Cruz y su mentora y amiga, Santa Teresa de Ávila, encontraron el gozo del estado unitivo de ser a lo largo de sus vidas. Sus historias de vida indican que ambos estaban dispuestos a pasar por una muerte sicológica: sacrificar el "yo" a favor del amor ilimitado que surge del Silencio. Una muerte sicológica supone la desaparición de la estructura de la mente del ego; el fin del "yo" creado por la mente, al menos temporalmente. En los Vedas, esto se expresa como transformación propia; la rendición consciente del yo limitado ante el Yo eterno. Una percepción profunda de Nisargadatta Maharaj expresa esto bellamente: "Sabiduría es saber que no soy nada. Amor es saber que yo soy todo y, entre medio de estas dos, mi vida prosigue."

En el Evangelio de Juan, se señala el significado de "volver a nacer", no a través del vientre materno, sino por medio del espíritu o trascendencia del yo. El Cristo dijo: "En verdad os digo, a menos que vuelva un hombre a nacer, no podrá ver el reino de los cielos."[34] Aunque presentado de forma diferente, tanto las tradiciones orientales como las occidentales describen la transformación propia como una muerte interna y un renacer; una alquimia interna que revela nuestra integridad velada. El ver la verdad de nuestro vacío y a la misma vez ver la verdad paralela de nuestra plenitud inherente, esto es a lo que apunta la noche oscura.

La noche oscura puede suponer una disolución voluntaria del ego, o al menos tanta disolución como uno pueda soportar para liberarse del interés propio del mundo transaccional. Las biografías y autobiografías de sabios y místicos están repletas de noches oscuras que irradian luz eventualmente. Por ejemplo, Santa Teresa de Ávila dijo estar perdida en lo que ella llamó "un mar tempestuoso" de aridez espiritual por espacio de veinte años. Durante ese tiempo, ella fue una muy solicitada consejera espiritual para otros, lo cual solo logró ahondar su crisis interna al no considerarse merecedora de tal confianza. Su noche oscura finalmente terminó con una percepción punzante, que la inundó inesperadamente, a medida que ella bajaba hacia una sala del convento mientras miraba a un cuadro del Cristo.[35]

En la tradición budista tibetana, el gran yogui Milarepa pasó por una larga purga para poder liberarse de la tragedia de su juventud. Él era tan solo un niño cuando su padre murió y la casa y la fortuna de la familia fueron usurpadas por un tío codicioso, dejando en la indigencia a él, su madre y hermana más joven. Ese tío fue cruel para con la madre de Milarepa, forzándola a la pobreza. Cuando Milarepa fue lo suficientemente mayor, tomó venganza sobre sus parientes, matando a algunos de ellos. Pero Milarepa pronto sintió un remordimiento agonizante, pidiendo redención y perdón. Luego de pasar muchos años viviendo una vida ascética, junto con la práctica de reparación y meditación, encontró iluminación en una cueva en los altos del Himalaya y entonces dedicó su vida en ayudar a otros a darse cuenta de lo que él descubrió mediante su sufrimiento. Milarepa aprendió que la venganza solo perpetúa más violencia y sufrimiento. Esto no significa que ignoremos el comportamiento dañino de otros, pero que recurrir a la venganza crea más dolor. Para Milarepa, esta lección de vida abrió su corazón y, en sus años postreros, él se convirtió en un muy querido enseñante de sabiduría.

La noche oscura ha sido un rito de iniciación en todas las tradiciones. Otro ejemplo que se puede mencionar es el de la gran sabia sufí, Rabi'a de Basra. Secuestrada de niña y vendida como esclava a un hombre rico y su familia, Rabi'a fue maltratada por años y forzada a trabajar día y noche, más sin embargo ella se negaba a odiar a sus atormentadores. Luego de un largo día de trabajo fuerte, su "amo" la vio arrodillada orando en el patio, su rostro resplandeciendo con luz espiritual. Luego de ver esto varias veces, el "amo" la dejó en libertad. Rabi'a huyó al desierto, en donde podría proseguir una búsqueda más profunda del entendimiento espiritual. Cuando ella regresó a Basra años después, se convirtió en fuente de sabiduría e inspiración para muchas otras personas.

Un paso por la oscuridad espiritual a veces envuelve un ajuste de cuentas con la propia vida de uno, tal y como sucedió con Milarepa y Rabi'a de Basra. Este ajuste puede ser provocado también por una colisión inevitable con la cruda verdad de la crueldad humana e indiferencia hacia el sufrimiento. En su libro incomparable, *La Búsqueda por el Significado* (*Man's Search for Meaning*), Viktor Frankl, un sobreviviente del Holocausto, escribió: "Cuando nosotros ya no somos capaces de cambiar una situación, estamos retados a cambiar nosotros...la salvación del hombre es mediante el amor y en el amor."[36] La punzante descripción que hace Frankl de su vida interna y sus encuentros con la belleza y la trascendencia, pese al horror inefable del campo de concentración, hacen de este libro uno de los más significativos escritos jamás.

La búsqueda por el entendimiento espiritual no es solo una búsqueda dentro de nuestro ser más interno, para muchos es también una búsqueda por el significado en medio de una cultura que glorifica la celebridad, la riqueza y el poder, mientras ignora la labor noble de una mesera, un mecánico o una maestra de escuela. Resulta evidente que tenemos nuestras prioridades invertidas. El mundo moderno es dominado por gigantes corporativos que ejercen un poder tremendo sobre la vida diaria de la humanidad y el bienestar del planeta. La fuerza motriz del afán de lucro ha suprimido la necesidad humana básica de relacionarse a otra cosa que no sea el estilo de vida mercantilista que el dinero pueda comprar. Vivimos en un círculo continuo que se alimenta a sí mismo y que enriquece a unos pocos a expensas del resto de la gente. En este estilo de vida, existe un pesar no reconocido que se puede sentir como enajenación, ira, impotencia o una vida sin significado. Yo me he dado cuenta de que el significado de la vida está relacionado directamente al reconocimiento interno de que hay un propósito más profundo en nuestra existencia, así como al rechazo de cualquier imperativo cultural o autoridad institucional que interfiera con el ver esto por uno mismo.

Si la noche oscura del alma es "la preparación para una gran luz", tal y como sugirió San Juan de la Cruz, también existe una luz oculta en la pena que desciende sobre nosotros cuando un ser amado muere. La experiencia de una pérdida abrumadora puede llevar a un vacío existencial y al surgimiento de preguntas transformadoras tales como: ¿existe tal cosa como amor divino, Dios, Silencio sagrado o cualquier cosa trascendental? ¿O es que nos estamos engañando a nosotros mismos? Cuando la pena nos abruma, nada parece tener sentido; la vida parece ser "un relato hecho por un idiota, repleto de sonido y furia, sin ningún significado", tal y como escribiera Shakespeare en la obra Macbeth.

El perder a alguien que nos es querido puede producir una crisis espiritual que anule la vida que una vez tuvimos; un deshacer completo de lo conocido, arrojándonos temporalmente en lo que parecería ser un abismo. No me refiero a la condición médica denominada depresión, sino a un desamarre espiritual que destapa nuestra indefensión ante la agitación causada por la pena y el dolor. Como mencionáramos antes, la pena nos puede arrastrar hacia las profundidades de la desesperanza, pero también puede despertar la compasión hacia la totalidad del sufrimiento en el mundo. Si nuestra pena puede abrir nuestro propio corazón hacia otros, ciertamente es entonces "la luz que atraviesa la oscuridad."[37]

"Donde hay pesar, hay terreno sagrado," escribió Oscar Wilde. "Algún día la gente se dará cuenta de lo que esto significa. Ellos no sabrán nada acerca de la vida hasta que hagan esto." Wilde escribió esto mientras estaba solo en su celda en la prisión en Londres, encarcelado por "indecencia crasa," el término legal en ese tiempo por simplemente ser gay. A medida que reflexionaba acerca de su vida hasta ese momento y soportaba las dificultades y humillaciones de estar dos años en prisión, de esta pena surgió perspicacia espiritual.

"Hay algo escondido en algún punto de mi naturaleza que me dice que no existe nada en el mundo que no tenga un significado, y mucho menos el sufrimiento... el silencio, la soledad, la vergüenza, todas y cada una de estas cosas las tengo que transformar en experiencias espirituales." Su carta extensa acerca de lo que aprendió en prisión fue publicada luego de su salida. Se puede encontrar la profunda exploración personal sobre el pesar en el libro *De Profundis*, término en latín que significa "desde las profundidades."

La noche oscura nos insta a descubrir causas de pena inadvertidas que se encuentran profundo dentro de nuestra propia angustia. Esto resulta muy difícil porque los descubrimientos más potentes son con frecuencia acerca del miedo, incluyendo al miedo más aterrador de todos: lo inevitable de nuestra propia muerte y la pérdida de todas las personas a las que amamos. Simplemente no existe forma de esconderse de esta verdad, a pesar de que casi todo en la cultura moderna la encubre o la niega. Nosotros separamos la vida del envejecer y de la muerte, pese al hecho de que la vida y la muerte son un continuo. Lo vemos en la naturaleza, pero lo ignoramos con respecto a nosotros mismos.

Si nuestra especie, en particular aquellos que viven en países ricos de occidente, reconocieran abiertamente la certeza de la muerte corporal, no importa cuán poderoso, rico o famoso uno pueda ser, el mundo sería más equitativo y armonioso. No habría necesidad de publicidad relativa a negar la muerte, la cual ignora y minusvalora al que envejece. Rendiríamos honor a la belleza y a las posibilidades de cada etapa de la vida, no únicamente a lo radiante de la juventud, sino también a la experiencia valiosa de la vejez. Podríamos tener una auténtica conversación mediática acerca del envejecer y la muerte y, finalmente, confrontar nuestra obsesión colectiva con el poder, la riqueza y la celebridad. Una vida con integridad y compasión podría, de hecho, ser un tópico digno de ser discutido en programas de noticias de televisión por cable y en medios sociales.

En vez de lo anterior, nos sometemos a enconados encuentros de gritería que enfrentan una personalidad con otra. La superficialidad de nuestro discurso público es corrosiva para con nuestro estado mental colectivo, pero logra hacer mucho dinero. Mientras el afán de lucro controle la televisión y el internet, la experiencia de vida de los seres humanos ordinarios, incluyendo el paso hacia la muerte, serán ignorados. Quizás se ignoren porque el contemplar nuestra propia muerte revela, mejor que cualquier otra cosa, que la muerte nos hace a todos iguales. El negar este hecho nos convierte en tontos.

Elisabeth Kubler-Ross, una pionera en juntar el morir con el vivir de una forma que ha cambiado millones de vidas, añadió una perspectiva inestimable a la lucha que nosotros tenemos con la pérdida y el pesar. Ella escribió: "Existen solo dos emociones: amor y odio. Pero es más certero decir que solamente hay amor o miedo, ya que no podemos sentir estas dos emociones a la misma vez, en exactamente el mismo momento. Cuando estamos en un lugar de amor, no podemos estar en un lugar de miedo."[38] Su profunda perspicacia vino luego de muchos años ayudando a pacientes moribundos y sus familias a aceptar, de forma amorosa, lo que cada uno de nosotros enfrentaremos algún día.

Una experiencia de la noche oscura se puede desarrollar también por la aflicción causada por un estilo de vida que ha desaparecido. Por ejemplo, en el mundo hay una gran cantidad de pesar colectivo debido a la pandemia por el Covid-19. Millones de personas han muerto y millones más han sido hospitalizados. Mucho sobrevivientes al Covid-19 puede que tengan que soportar efectos secundarios de por vida ocasionados por daños que el virus ocasionó a su cuerpo. Nuevas frases se han introducido a nuestro léxico, tales como "distanciamiento social" y "mandato a quedarse en el hogar." Cosas como las restricciones al viajar, pérdida de empleos, cierre de escuelas, dificultades económicas y el surgimiento de nuevas variantes del virus, todo esto ha añadido más incertidumbre y tristeza. La vida ha cambiado dramáticamente como resultado de la pandemia. Mientras escribo estas líneas, algunos países han mejorado mientras otros están en una crisis que empeora. No importa donde vivamos, no hay garantía de que la vida pueda volver a ser la misma. En este sentido, hemos estado viviendo en una noche oscura global que puede impactar a toda una generación.

También existe pesar colectivo que se está desarrollando acerca del cambio climático y la explotación de la Tierra; pena por la belleza que ya se ha perdido en lugares como el bosque del Amazonas, Antártica, Groenlandia y otras partes del mundo. Estos daños irreparables nos recuerdan lo dependientes que somos de la naturaleza para nuestra sobrevivencia. A medida que mayor número de personas alrededor del mundo cobran conciencia del daño tan serio que se le está haciendo a los ecosistemas y atmósfera de la Tierra, aumenta la preocupación y el pesar, sobre todo cuando las personas se sienten impotentes para detener dicho daño. Sin embargo, hay un aspecto positivo en esto: existe ahora una mayor conciencia de que nuestro destino como especie está ligado directamente a cómo tratemos a la vida silvestre y al mundo natural, de modo que es posible un cambio en la conciencia humana.

Imaginemos por un momento que todo el contenido de la conciencia humana, el cual se deriva de la conciencia de cada ser humano en la Tierra, se encuentra dentro de una nube o un enorme contenedor flotante que circula por encima de la Tierra. Cada persona en el planeta contribuye a este vasto contenedor con la calidad de su conciencia. Si uno está enojado, más enojo es añadido al contenedor. Si uno es bondadoso, más bondad es añadida. El contenido de la conciencia humana es la suma total de lo que nosotros como individuos contribuyamos al contenido total del contenedor. Es por esta razón que nuestra conciencia es tan importante. Uno importa mucho más de lo que uno pudiera pensar. Por ejemplo, nuestra paciencia balancea la ansiedad, nuestra compasión mitiga el odio y nuestra quietud disminuye el miedo. El darse cuenta de que cada uno de nosotros está contribuyendo siempre al contenido colectivo de la conciencia humana, puede rehacer el mundo. En el ver esto con todo nuestro ser, la noche oscura de la guerra interminable, la pobreza y la explotación, podría finalmente detenerse y la sabiduría del corazón podría tomar su justo lugar en los asuntos humanos.

La enseñanza sabia y silenciosa que expresa la noche oscura es que tengamos una sensibilidad acrecentada hacia el sufrimiento de los demás. Y cuando hay sensibilidad hacia la suerte o destino de los demás, existe un potencial para una transformación radical en los asuntos humanos. La paradoja de la noche oscura consiste en que la pena que conlleva puede revelar la luz velada de nuestra propia integridad, no como una teoría intelectual, sino como una verdad viviente. En la aceptación de nuestra temporalidad, no solo de forma intelectual sino hasta el tuétano de los huesos, vemos otra revelación que hace la noche oscura. Es la verdad tan antigua como el tiempo, más sin embargo siempre resulta novedosa: mientras la forma física que toma la vida morirá algún día, el amor nunca lo hará. El amor no tiene formas, es silente y siempre presente, cuando nosotros estamos presente.

La enseñanza sabia y silenciosa que expresa la noche oscura es que tengamos una sensibilidad acrecentada hacia el sufrimiento de los demás.

La noche oscura puede revelar la luz velada de nuestra propia integridad, no como una teoría intelectual, sino como una verdad viviente.

Pese a todos sus retos internos atroces, la noche oscura puede ser una enseñante de sabiduría

17

Transformación

"Adviene a ser a medida que mueras."
Evangelio de Tomás

Percatarse de la propia conciencia interna es el comienzo de la transformación propia. La exploración que hiciéramos en los capítulos anteriores acerca de una más sutil conciencia en el escuchar y el ver nos ayuda a trascender, hasta cierto punto, nuestra mente condicionada a modo de liberarnos de sus limitaciones. En el escuchar y el ver de forma silente, la mente está libre de pensamientos, en paz consigo misma y en unión con la sabiduría del corazón. El viejo "yo" ha muerto y un nuevo ser humano nace en un mundo que necesita desesperadamente más sabiduría y compasión. Esta dimensión de conciencia se sugiere mediante la siguiente aseveración que aparece en el Evangelio de Tomás: "adviene a ser a medida que mueras."

Nuestro reto fundamental consiste en percatarnos de la estructura del yo formada por la mente porque, si no comprendemos cómo es que funciona nuestra mente, no puede haber libertad interna y permanecemos atados a los patrones del pasado que se repiten, sin tan siquiera darnos cuenta de ello. Somos sonámbulos en la vida, pero creyéndonos que estamos despiertos. Esta es la razón de porqué la exploración del escuchar y el ver de forma alerta ha sido enfatizada en este libro.

Solamente en el *ver* la realidad de nuestro dilema es que puede ocurrir una transformación. Si podemos ver internamente que la fuente de nuestro descontento estriba en la siempre parlante mente del ego, junto con nuestra tendencia a creer en esta cháchara, podemos alterar profundamente la forma en que nos vemos los unos a los otros y al mundo. Gurdjieff lo expresó de la siguiente manera: "El despertar comienza cuando un ser humano se da cuenta de que no va a ninguna parte y no sabe a dónde ir." Nosotros despertamos a la incómoda realidad de que no sabemos lo que creemos saber. En el admitir que no sabemos, comienza una vida nueva; una vida que puede verse como la misma desde afuera, pero que es mucho más vibrante en el interior.

Un nuevo comienzo como este requiere intrepidez, ya que casi todo en nuestra sociedad resulta hostil al cambio real que termina con toda división, tribalismo y con la trampa que es el conformismo. Tarde o temprano, averiguamos si queremos en verdad liberarnos o si solo deseamos hablar sobre el asunto tal y como hacemos con respecto al clima. ¿Existe en realidad la voluntad de sacrificar nuestra propia pequeñez y vivir con las preguntas en vez de con las contestaciones de otros? Krishnamurti lo fraseó de la siguiente manera: "¿Existe una luz que no es encendida por otro?" Esta pregunta y lo que ella presupone, es una de las preguntas más importantes que nos podemos hacer a nosotros mismos. La misma complementa la pregunta de Ramana Maharshi: "¿Quién soy?"

"Quiero desenvolverme. Que ningún lugar en mí se mantenga cerrado, porque allí donde permanezca cerrada, seré falsa," esto escribió Rainer Maria Rilke. Desenvolver es aprender lo que es verdad y lo que es falso. Esto presupone paciencia, búsqueda de sí mismo y la amistad del silencio interno. Cuando el abrazo del lenguaje sin palabras del Silencio nos arropa, lo que es verdad nos es audible internamente. Existe una percepción interna sin una imagen, un ver lo que no se ve. En aprender a "advenir a ser a medida que mueras," ocurre una transformación propia sin esfuerzo de nuestra parte. Es la muerte de un alguien imaginado. La misma muerte está implícita en el muy citado proverbio sufí: "muere antes de morir." Esto sugiere el morir al ayer y a todos los ayeres previos, morir a todos los mañanas y a la ilusión del "yo" y "el otro." Entonces hay una transformación radical.

En el mundo natural, hay ciertas transformaciones que son en verdad extraordinarias. Una de las más fascinantes ocurre en la vida de una libélula. Luego de nacer de un huevo, la ninfa de la libélula se asemeja a una araña de seis patas un tanto fea. Se arrastra durante meses por el fondo de charcas y lagos fangosos, mientras su cuerpo evoluciona mediante una serie de transformaciones internas que ocurren en las profundidades lóbregas. Durante su lapso de vida bajo el agua, cambia de cuerpos físicos varias veces. Eventualmente, sale de su aposento acuático, en donde respiró mediante agallas como un pez, y sube a la superficie del agua ya con unos pulmones recién desarrollados y respira el mismo aire que nosotros. Luego, se arrastra hacia la tierra y se posa sobre una hoja, flor o arbusto. La libélula comienza entonces su metamorfosis final a medida que abandona su cuerpo por última vez y renace en algo completamente nuevo. Se ha transformado de una criatura acuática que se alimenta en el fondo, a una belleza aérea deslumbrante que se baña con la luz solar. Esto constituye una de las transformaciones más sobrecogedoras del mundo natural.

La libélula es una criatura hermosa y enigmática, saturada de simbolismo mitológico y espiritual, especialmente en las culturas asiáticas y las nativas de América. Sus alas exquisitas e iridiscentes reflejan y refractan la luz solar de forma mágica, creando la ilusión de que cambian de color con la intensidad de la luz. Las numerosas transformaciones de una libélula y la danza de luz en sus alas celestiales, han llevado a poetas y artistas de todo el mundo a describirla como un símbolo de transformación espiritual y como mensajera de lo alto. La libélula ha venido a representar la jornada humana transformadora; de la oscuridad de la ignorancia a la luz de la libertad interna. También la libélula es un símbolo de regeneración y renovación.

Pero distinto a la libélula, cuya asombrosa transformación ocurre a señales bilógicas de la naturaleza, un ser humano debe ser consciente de hecho de la necesidad de la transformación propia y, entonces, voluntariamente hacer los sacrificios que sean necesarios para ser libre internamente. Si bien es cierto que la transformación espiritual puede ocurrir instantáneamente en la conciencia de momento a momento, también es cierto que sabios y santos se prepararon para su propia transformación, tal y como debemos hacer nosotros. De Lao Tzu a Francisco de Asís a Pema Chödrön, el trabajo interno preparatorio que nos lleva a un estado unitario de ser y a una conciencia de compasión profunda, le es dado a aquellos que aprenden a sacrificar lo que *no* son sin esperar nada a cambio. De modo que es la calidad de nuestra conciencia lo que determina el desenvolvimiento espiritual. "Buscad y encontrareis; tocad y se os abrirá la puerta," dijo el Cristo en el Evangelio de Mateo, sugiriendo así una dimensión de conciencia en donde vemos, con ojos recién abiertos, que el mundo es solo el reflejo de nosotros mismos. A medida que nosotros cambiamos, así cambia el mundo. En ese sentido, cada uno de nosotros representa la posibilidad de transformación de la raza humana.

"Si uno comienza a comprender lo que uno es sin tratar de cambiarlo, entonces lo que uno es sufre una transformación," dijo Krishnamurti a lo largo de su vida. Y por supuesto, nosotros vemos lo que somos a la luz de una observación propia realizada sin pasar juicio, con la ayuda del escuchar y el ver de forma alerta. En esencia, nosotros experimentamos una transformación cuando nos damos cuenta de que la mente condicionada obstruye el camino de lo que nosotros buscamos y, entonces, comenzamos el trabajo interno de comprender dicha mente y de trascenderla. No quiere decir que de repente somos seres humanos intachables, la vida sigue como antes, pero al tener una percepción más profunda de lo que somos, hay mayor cantidad de silencio interno para poder *vernos* a nosotros mismos y al mundo con compasión. La vida puede ser difícil a veces, pero no importa lo que suceda, podemos verlo como una enseñanza en sabiduría porque la forma en que respondamos nos dice de qué estamos hechos en cualquier momento dado. Mientras más quietud interna haya, mayor será nuestra capacidad para estar en calma con lo que es. Rumi escribió: "Cuando estoy en silencio, entro a ese lugar en donde todo es música."

Cuando Rumi habla de entrar a un lugar en donde "todo es música," él sugiere un dejar ir sin esfuerzo y una mente completamente en reposo. Una mente en reposo no está pensando; está muy quieta. Esto nos trae de vuelta a la conciencia que traemos al escuchar y al ver. Aprendiendo a descansar la mente en silencio, no importa cuán breve este silencio pudiera ser, podemos "entrar" suavemente y sin esfuerzo en la experiencia directa del Silencio en donde estamos completamente despiertos ante nosotros mismos y ante el resto de la creación.

Nosotros experimentamos una transformación cuando nos damos cuenta de que lo que buscamos ya está dentro de nosotros.

18

Vivir en Conciencia

Sugerencia de Conciencia #5

"Vi un ángel en el mármol y esculpí hasta que pude liberarlo."
Miguel Ángel

Nuestra exploración juntos se ha centrado en lo que obstaculiza la libertad interna y una vida más significativa; la niebla del acondicionamiento que distorsiona la percepción que tenemos de nosotros mismos, otras personas y el mundo. Es esta inhabilidad de ver nuestro acondicionamiento lo que nos evita comprender las causas de nuestro sufrimiento sicológico. Pero existe una forma más sutil de conciencia que ve con claridad. Esta conciencia que percibe la constituye el acto de observación propia, sin pasar juicio, y la misma ocurre por medio de la atención relajada que tiene lugar en el ver y el escuchar de forma alerta. Cuando nuestros patrones de pensamiento arraigados son reconocidos por lo que son, es tal reconocimiento lo que aquieta la mente. Y cuando la mente está muy quieta, podemos atisbar el gozo en la base de nuestro ser. Citando nuevamente a Thomas Merton, es el "terreno oculto del amor para el cual no hay explicación."

El poeta español, Juan Ramón Jiménez, escribió un poema que sugiere la inmensidad y la intimidad del Silencio. El poema se titula "Yo no soy yo". En el mismo, Jiménez describe el andar con un "yo" al cual no puede ver, más sin embargo él es consciente internamente de su presencia gentil, indulgente y silente. Jiménez contrasta esta Presencia amorosa con su propia tendencia a no amar.

El "yo" invisible que camina con él está en realidad *dentro* de él, no separado y su belleza misteriosa rebasa el tiempo. Jiménez se refiere a este "yo" como "el que quedará en pie cuando yo muera."

Una manera de atisbar la dimensión de conciencia a la que se refiere Jiménez es dando atención al ver y al escuchar de forma alerta. Sé que esto se ha enfatizado a lo largo del libro, pero recordatorios frecuentes son necesarios debido a que un estado de conciencia interna viene y va para la mayoría de nosotros. Recordar que nosotros podemos retornar una y otra vez a una forma atenta y silente de ver y escuchar, es una parte importante de permanecer despiertos en medio de la hipnosis de un mundo frenético.

La sugerencia de conciencia que describiré a continuación consiste de un paseo sencillo en donde el movimiento del cuerpo, las impresiones causadas por el entorno, el contenido de la mente y la respuesta que demos a ese contenido, se observan con una atención relajada.

No existe nada que tenga uno que alcanzar y ningún destino al que llegar, uno sencillamente da un paseo sosteniendo una conciencia en el ver y el escuchar, la cual recibe las impresiones sensoriales de caminar y que las observa sin pasar ningún tipo de juicio. De esta manera, uno se percata de su propia conciencia interna, así como de los aspectos automáticos de escuchar y ver a nivel superficial. Si la mente parlotea, esto es meramente parte de la observación que uno hace. De seguro que surgirán pensamientos. ¡Inclusive, a veces podría parecer como si uno estuviese escuchando el diálogo de una obra de Broadway y que todos los personajes son uno mismo! Un paseo en la conciencia de un escuchar y un ver de forma alerta, nos puede demostrar cuán fácil podemos caer en los hábitos de la mente parlante. Cuando vemos esto, tenemos algún grado de libertad.

La sugerencia es dar un paseo en la naturaleza de cinco a diez minutos de duración. Esto puede hacerse en un parque o en el vecindario propio, manteniéndose percatado de lo que ocurra sin pasar juicio sobre ello. Al minuto o dos del paseo, la mayoría de nosotros seremos distraídos por los pensamientos que surjan. La mente parlante comenzará una cháchara acerca de algo. Observe la misma a medida que camine y asimile lo que vea. Eso es todo. No hay preocupaciones, estrés ni deseo por nada, solo observe lo que sucede. Si caminar a la intemperie no es posible debido al clima o alguna condición física, puede intentar esta sugerencia de conciencia en el hogar adaptando esto a sus circunstancias particulares. No importa si uno está dentro del hogar o fuera, si camina o permanece sentado, el punto es el darse cuenta de que las actividades cotidianas pueden resultar ser una búsqueda enriquecedora hacia la calidad de nuestra conciencia o ausencia de ella. Esto puede ser sanador si le damos nuestra atención.

Comience por ponerse ropa y zapatos cómodos. Pero antes de comenzar su paseo, siéntese en silencio por unos pocos minutos y percátese de su respiración. Tómese unos minutos para calmarse hasta alcanzar un ritmo de respiración cómodo. A medida que respire, note el subir y bajar del diafragma. Si resulta cómodo para usted, coloque su mano derecha sobre su pecho de forma que la palma de la mano descanse suavemente cerca del corazón. Relaje sus brazos y hombros y respire de forma normal.

Pasados uno o dos minutos de estar notando el ritmo del subir y bajar del pecho, uno pudiera sentir el latir del corazón repercutiendo en la palma de la mano. Puede pasar como un minuto antes de que uno se percate de esto, además de que puede ser muy sutil. Puede que uno no note nada en realidad. Esto no es una prueba, es simplemente una manera de estar en contacto con la viveza del cuerpo de uno. Esta práctica puede calmar la mente porque nuestra atención está fijada en la respiración, en el subir y bajar del pecho y en la repercusión del propio latir del corazón. Existe un universo dentro de nosotros y en el centro de dicho universo interno está el corazón.

Por tomarse unos minutos en sentarse calmadamente percatado en la respiración, existe una posibilidad más grande de que el paseo a dar tenga un silencio interno mayor. Luego de unos minutos de relajamiento y cuando la situación se sienta cómoda, uno puede comenzar a caminar en el lugar escogido. Si uno decide caminar junto a otra persona, resulta ser de ayuda si ambos acuerdan hacer un intento por hacerlo en la conciencia de un escuchar y un ver de forma alerta. El tener un compañero caminante que comparta el interés en explorar la conciencia de la observación propia, puede ayudar a ambos a mantener esta búsqueda mutua. Ambas personas pueden, en silencio, recordarse la una a la otra el mantenerse despiertos. Esto, sin embargo, no es necesario. En este paseo en conciencia, uno es su propio enseñante de sabiduría. La calidad de nuestro propio escuchar y ver transmite el mensaje, camine uno solo o en compañía.

Una vez uno esté afuera y listo para comenzar a caminar, manténgase quieto por un momento y escuche con atención relajada. ¿Qué oye usted? ¿Qué ve usted? Su mente le pondrá una etiqueta a lo que usted vea y oiga; "árbol", "automóvil", "perro ladrando", "cortadora de césped" o "cielo azul". Sea lo que fuere el nombre dado por la mente, es solo un nombre. Deje que el dar nombres vaya y venga.

A medida que usted toma su primer paso, note el movimiento de levantar su pierna y colocar un pie delante del otro. Note cómo su cabeza gira cuando se observe algo que esté a la izquierda o a la derecha. Sea consciente de la inhalación de aire. El cuerpo hace esto por sí mismo, pero en esta ocasión usted está percatado de lo que el cuerpo está haciendo; el movimiento de las piernas y pies, el doblar de las rodillas, la acción de los brazos, la sensación en los muslos, la sensación de los pies tocando la superficie sobre la cual se camina, el caudal de impresiones que entra a través de los sentidos y los pensamientos y sentimientos que surgen a partir de ellos.

Existe una cantidad tremenda de energía de atención a medida que usted camina silenciosamente viendo y escuchando de forma alerta, siempre y cuando usted no haya caído en un escuchar y un ver de forma pasiva, lo que constituye el "dormir" de nuestro estado de conciencia ordinario. Esto nos sucede a todos. Pero en el momento en que usted nota su falta de atención, se forma una conexión nueva entre la mente y el cuerpo. La relación con lo que usted ve y escucha está ahora despierta y llena de vida, ya que usted está atestiguando lo que ocurre dentro de usted y su entorno desde una dimensión de conciencia.

Uno puede preguntarse por qué esto es de importancia, después de todo no es más que un paseo ordinario y no ocurre nada en realidad. De hecho, algo extraordinario sí sucede. En el dar nuestra atención libre y completamente, uno se percata de la conciencia de la vida misma. La vida está permeada de Conciencia en el Silencio, uno *es* eso. La atención del escuchar y el ver de forma alerta, le da a uno un atisbo de lo que pudiera significar el estar completamente despierto al poder y sensibilidad de nuestro propio ser interno.

Y esto nos trae mucho más cerca de la Presencia amorosa que siempre ha estado con nosotros, el Yo Soy que rebasa el tiempo y el espacio y que está hecho de amor.

19

La Canción del Cañón

La Sabiduría de la Tierra Virgen

> *"Solo salí a dar un paseo y finalmente decidí quedarme afuera hasta la puesta del sol, porque salir afuera, descubrí, que es en realidad ir hacia dentro."*
>
> John Muir

La primera vez que vi el Gran Cañón fue en una mañana fría y despejada del mes de enero. Fue el tipo de encuentro con la naturaleza que enciende una chispa de asombro y confiere reverencia. Nieve fresca recién caída cubría los picos del cañón cual manto de lana. Ramas de pinos altos y fragantes relucían con brillantez en sus vestiduras de nieve y hielo. Un cuervo grande se precipitó hacia adentro del cañón desde su percha oculta, voló alto y luego se perdió de vista.

Desde el borde sur del cañón, observé al sol saliente tocar una sinfonía silente de luz y sombras, la cual se desplazó de forma mágica sobre las paredes de roca roja masivas. Mis rodillas casi se doblaron a medida que yo permanecía asombrada ante las vistas deslumbrantes que no tenían fin. La inmensidad del silencio lo abarcaba todo, los acantilados, el cielo, la Tierra, el aire y a mi pequeñez. Salí a ver el cañón bajo la temprana luz mañanera y, en un momento de absoluta quietud, ya no había un "yo", solamente el ver.

Lo que sobrevino fue la perspicacia de que el mundo natural puede ser nuestro compañero en la transformación propia si lo honramos, lo cuidamos y escuchamos su sabiduría tácita. Proteger la tierra virgen y estar en armonía con el silencio profundo de los lugares majestuosos del planeta, nos nutre y renueva. Es medicina para el alma. Esta es la lección que aprendí hace muchos años atrás en el Gran Cañón.

Los indios americanos han denominado al Gran Cañón como "la matriz de la tierra", debido a una historia acerca de la creación que describe el surgimiento del mundo material desde sus profundidades. Para las tribus de indios Pueblo del norte del estado de Arizona, el Gran Cañón es tierra sagrada, un lugar donde las deidades dieron a luz el origen del tiempo y donde moran los espíritus ancestrales. Para los Hopi, el Gran Cañón es un lugar donde la vida, la muerte y la eternidad se unen y coexisten. Se dice que los ancestros de los Hopi emergieron de las profundidades del Cañón y que, después de la muerte, sus espíritus fueron a morar entre las elevadas formaciones rocosas en la base del mundo. Por lo tanto, la vida y la muerte no están separadas, sino que forman un continuo que tiene su fuente en un reino invisible. Una mujer Hopi me dijo que ellos envían oraciones continuamente hacia el Gran Cañón para proteger su belleza afirmadora de vida.

Esa primera visita a la que hice referencia ocurrió hace veinticinco años durante el invierno, cuando habían muchos menos turistas debido a la dificultad del clima. Yo estaba dispuesta a soportar el frío a cambio de un poco de soledad junto al cañón. Esto vino en un momento en que yo intentaba integrar cuatro años de fotografiar niños heridos durante la guerra de los Balcanes con mi vida cotidiana en los suburbios, lugar donde yo residía en ese entonces. La experiencia de la guerra cambia a una persona, no importa que uno sea un combatiente, un médico, un corresponsal o un humanitaria chofer de camión que llevar medicamentos y alimentos a los que lo necesiten. La guerra reorganiza la psiquis y la tolerancia hacia el statu quo, al menos así lo hizo en mi caso. La vida previa, la cual siempre incluyó una dimensión espiritual, ya no era válida y además yo estaba agotada física y emocionalmente.

Yo necesitaba descansar y rejuvenecer en algún lugar de la naturaleza, pero mis lugares de retiro usuales, el océano Pacífico o los bosques de secuoya en California, no parecían ser adecuados, quizás porque ya eran tan familiares para mí. En medio de una noche en desvelo, surgió una incitación interna: "El Gran Cañón." Yo nunca había estado ahí antes, pero el impulso era fuerte, así que reservé una cabaña por dos semanas en el borde sur del Cañón y tomé mi automóvil para hacer el viaje de diez horas hacia la parte norte del estado de Arizona. Para aquel entonces, muchas de las cabañas eran rústicas y no poseían televisión, internet ni la distracción constante de los artefactos móviles actuales. Resulta difícil de imaginar, pero el mundo digital que conocemos ahora no era parte de la vida cotidiana hace veinticinco años atrás.

Cada mañana antes de que saliera el sol, buscaba un lugar cerca del borde del cañón y me sentaba a disfrutar de la quietud del sol saliente. Envuelta en una sábana de lana y con dos pares de medias para evitar que mis pies se congelasen, me sentaba con los ojos cerrados y dejaba que los primeros rayos del sol calentaran mi rostro. Entonces observaba como la luz mañanera se desplazaba a lo largo de un paisaje magnífico a medida que colores rojo y anaranjado vibrantes, los cuales habían estado ocultos bajo la oscuridad de la noche, salían a relucir con la luz del día. Estaba vigorizada por la vista y los sonidos de uno de las maravillas naturales más grandes del mundo.

Ser testigo al amanecer del despertar del cañón de su letargo era la mejor parte de mi día; una hora de estar con un muy preciado amigo nuevo el cual me proporcionaba alegría, fuerza y vitalidad a cambio de simplemente estar allí. Esto fue una revelación sorprendente porque pareciera haber un juego de energías misterioso entre el cañón y yo, entre mi atención y la presencia primigenia que hace del Gran Cañón lo que es. Para mí fue claro que el Gran Cañón está vivo. Tiene poder y propósito más allá de mi capacidad de comprender o describir. Y puede comunicarse, no con palabras por supuesto, pero por medio del color, sonido, luz, sombra y con su inmensa espaciosidad.

Quizás el lenguaje del Gran Cañón pudiera ser la vibración de la Tierra misma, un canto sagrado compuesto solo para oídos que puedan escucharlo. Esto puede no ser cuantificado por la ciencia, pero sí puede ser discernido por un pueblo ancestral como los Hopi. En el Gran Cañón hay formaciones rocosas que tienen sobre dos mil millones de años. Para los pueblos originarios, los geólogos y los antropólogos, dichas formaciones ayudan a contar la historia de la Tierra y sus habitantes ancestrales. Las rocas del cañón no son inertes ni faltas de vida. Ellas son una presencia viva. Personas provenientes de todo el mundo vienen de visita aquí, no solamente para ver las maravillas existentes, sino para experimentar el misterio de la creación y contemplar en silencio la estupenda belleza natural, la cual no ha sido alterada por el ser humano. Y esto debe permanecer así. El regalo del cañón a la humanidad es su poder crudo para inspirar y sanar.

Cuando yo estaba ya cansada de mi propia turbulencia, contemplaba sobrecogida las alturas y profundidades asombrosas del cañón y sentía su fuerza silenciosa. Entonces hice una caminata hasta el fondo del cañón para ver si este me revelaba su secreto. Pero la revelación que ocurrió fue dentro mí. Esto es lo que un lugar tranquilo en la naturaleza puede facilitar; nuestro desenmascaramiento ante nosotros mismos.

El pasar una semana con el Ser del Gran Cañón me trajo perspectiva y equilibrio. Estando en la amplitud de sus catedrales antiguas compuestas de roca roja y estando sobre la tierra sagrada de sus habitantes nativos, pude ver que yo estaba viviendo en una porción pequeña de mí misma, gobernada por pensamientos que dejaban atrás la bondad asombrosa que había atestiguado en el valor desinteresado de los voluntarios que viajaron a una zona de guerra, bajo un gran riesgo personal, para mitigar el sufrimiento. Estos voluntarios vinieron de todas partes del mundo para hacer una diferencia y lo hicieron. Me di cuenta de que lo que me acongojaba luego de cada visita a un hospital en el frente de batalla o a un campo de refugiados, estaba acompañado por la compasión que presencié de parte de muchas personas bondadosas y generosas. Había mucha belleza en eso; el contrapunto a la pena.

Nuestra especie se mueve entre dos polos; belleza y fealdad, ternura y crueldad, amor y miedo. Esta es la realidad de la mente condicionada del ego, pero tenemos la capacidad de estar en comunión con una conciencia más profunda, la cual nos unifica y sana. Todo lo que uno necesite saber está disponible ahora mismo. Respire conscientemente, brinde descanso a su mente cansada y esté relajado en este momento. La querida integridad que uno busca está siempre dentro de uno.

*El Silencio que es infinito aguarda para que uno
lo reconozca como propio.*

*La Conciencia en el Silencio recoge todas nuestras partes
dispersas y nos hace integrales.*

*Si uno desea de verdad estar en silencio interno,
debe comenzar con el acto simple de escuchar.*

No existe un misterio mayor que la Conciencia en el Silencio.

*Ella ha sido una amada compañera
aun si uno no se percata de su Presencia.*

Uno es la Luz que disipa la oscuridad.

*La querida integridad que uno busca
está siempre dentro de uno.*

Descanse su mente en quietud.

Con Gratitud

La búsqueda espiritual nos une de formas sutiles y profundas. Nos ayudamos los unos a los otros en tiempos de desafío o de confusión, a veces sin tan siquiera darnos cuenta de ello. A mis amigos y colegas, tanto los que estén cerca como los que estén lejos: gracias por su apoyo y sabiduría, han hecho que la jornada interna sea una más accesible y menos solitaria.

Estoy profundamente agradecida a Fred Fernández Coll por su compromiso amoroso para con la traducción de este libro y por escribir el prólogo a la edición en español. Ha sido un placer el trabajar con Fred. Su conexión interna con la belleza del escuchar y el ver de forma silente se puede sentir a lo largo de la traducción.

Quisiera también expresar mi agradecimiento a mi editora, Letitia Grimes, por la atención amorosa que le prestara al texto y por sus muchas sugerencias, las cuales fueron de gran ayuda. Sus aportaciones dan realce al libro.

Y a Gabriele Uhlein, autora del prólogo a la edición en inglés, cuya vida contemplativa es una inspiración para mí y para muchos otros. Estoy agradecida a ella por alentarme y por su corazón sabio y compasivo.

Finalmente, quisiera expresar mi aprecio más profundo a todos los participantes que han asistido a los talleres y retiros que he ofrecido durante las últimas dos décadas. Calmarse hasta alcanzar silencio interno junto a un grupo de personas que se preocupen y que valoren las posibilidades transformadoras del mismo, es un recordatorio poderoso sobre lo que debe constituir nuestras verdaderas relaciones los unos con los otros. A todos, gracias por animarme a presentar un enfoque directo y al grano dirigido a recobrar la conciencia interna que trae equilibrio a un mundo turbulento.

Acerca de la Autora

Cynthia es facilitadora de retiros y ofrece talleres que se enfocan en la transformación propia y la importancia de percibirnos internamente y al mundo con compasión. Esta conciencia perceptora ve silenciosamente que no existe un "otro."

Haciendo una extracción de las grandes enseñanzas de sabiduría del mundo y de sus propias percepciones internas, Cynthia presenta una manera de escuchar y de ver con la conciencia interna que surge en la quietud. Ella ha llegado a ver la realidad de que una mente verdaderamente aquietada es una mente no violenta. Su compromiso con contribuir al establecimiento de un mundo más compasivo, se ha formado por muchos años de búsqueda espiritual y por su experiencia con la guerra. Durante la guerra de los Balcanes, ella trabajó con organizaciones humanitarias de las Naciones Unidas ejerciendo funciones de fotoperiodismo en hospitales del frente de guerra, donde ella fotografió a niños heridos a manera de despertar conciencia acerca del sufrimiento de los mismos. Con la ayuda de algunas personas maravillosas, ella logró traer a un niño herido a los Estados Unidos para recibir atención médica, la cual le evitó la amputación de una pierna.

La búsqueda de toda una vida que Cynthia ha llevado a cabo concerniente a las posibilidades transformadoras de la quietud interna, unido al hecho de ver personalmente el efecto de la guerra sobre los niños, es lo que la motiva a escribir y hablar sobre la necesidad imperiosa hacia un cambio radical en la conciencia humana. Sin tal cambio, podríamos no tener por mucho tiempo un planeta sustentable en donde vivir y habría aún más división, guerra y pobreza. La misión de Cynthia es ayudar a que haya un despertar mayor hacia lo que debe constituir nuestra relación verdadera los unos con los otros y con el mundo natural, así como ayudar a realizar una transformación que nos salve de nosotros mismos.

Para más información: www.cynthiaoverweg.com

Notas Finales

[1] *Nisargadatta Maharaj, I Am That: Talks with Sri Nisargadatta Maharaj*, traducido por Maurice Frydman; revisado y editado por Sudhakar Dikshit (Durham, NC: The Acorn Press, 2020) Primera edición EEUU, 1982, Segunda edición, 2012, Tercera impresión 2020, pp.374-5.

[2] Thomas Merton, *The Hidden Ground of Love: Letters on Religious Experience and Social Concerns,* editado por William H. Shannon, Harcourt, Brace, Jovanovich, 1993, p. 115.

[3] Dante Alighieri, *The Divine Comedy*, traducido por John Ciardi, New American Library una división de Penguin Books, 2003, pp.892-894.

[4] *The Dalai Lama A Policy of Kindness: An Anthology of Writings By and About the Dalai Lama*, compilado por Sidney Piburn, Snow Lion, 1993, p.52.

[5] *Krishnamurti's Notebook,* Krishnamurti Foundation of America y Krishnamurti Foundation Trust, edición completa, 2003, pp. 205-6.
Contenido reproducido con permiso. Se ha conferido permiso para citar las trabajos de J. Krishnamurti u otros trabajos para los cuales el derechos de autor lo posee la Krishnamurti Foundation of America o la Krishnamurti Foundation Trust Ltd, bajo el entendimiento que tal permiso no indica un endoso a los puntos de vista expresadas en este medio.

[6] *Krishnamurti to Himself*, HarperCollins, 1993, p.18.

[7] w.population.un.org/wpp/Publications/Files/WPP2019_10KeyFindings.pdf

[8] www.unhcr.org/climate-change-and-disasters.html

[9] Poona India 4th Public Talk, 19 de Septiembre, 1948.
https://jkrishnamurti.org/content/poona-india-4th-public-talk-19th-september-1948

[10] www.dalailama.com/messages/compassion-and-human-values/compassion

[11] www.dalailama.com

[12] *Bhagavad-Gita: The Song of God,* traducido por Swami Prabhavananda y Christopher Isherwood, New American Library, 1951.

[13] Mateo 16:24

[14] Rainer Maria Rilke, *Rilke's Book of Hours: Love Poems to God,* traducido por Anita Barrows y Joanna Macy, Riverhead Books, 1997, p.116

[15] *The Upanishads: Breath of the Eternal,* traducido por Swami Prabhavananda y Frederick Manchester, New American Library, edición Mentor, 1948, pp. 46-47.

[16] Antoine de Saint-Exupéry, *The Little Prince,* Harcourt, Inc. 2000.

[17] Mateo 5:7

[18] *Doorkeeper of the Heart: Versions of Rabi'a,* Charles Upton, Pir Press, 2004. http://www.rabiainstitute.org/rabia-al-basri/

[19] H.P. Blavatsky, *The Voice of the Silence,* Theosophical Publishing House, 1992.

[20] *The Essential Teachings of Ramana Maharshi: A Visual Journey,* Inner Directions, 2003, p.69.

[21] Corintios 6:19

[22] Eknath Easwaran, *The Upanishads,* Nilgiri Press, 2007, p.223.

[23] Mary Oliver, *Upstream: Selected Essays*, Penguin Press, 2016.

[24] Sri Ramana Maharshi, W*ho Am I*, Sai ePublications, 2021

[25] Peter Wohlleben, *The Hidden Life of Trees: What They Feel, How They Communicate – Discoveries from a Secret World,* Greystone Books, 2016.

[26] Mateo 16:24

[27] Genesis 1

[28] Genesis 2.7

[29] Edgar Mitchell con Dwight Williams, Th*e Way of the Explorer*, G.P. Putnam's Sons, 1996, p.59

[30] Ezequiel 18:31

[31] www.dalailama.com/messages/compassion-and-human-values/compassion

[32] *Dark Night of the Soul: St. John of the Cross,* traducido por E. Allison Peers, de la edición original de P. Silverio de Santa Teresa, OCD, Dover Publications, New York, 1953, p.2

[33] *The Collected Works of St. John of the Cross,* traducido por Kieran Kavanaugh, OCD y Otilio Rodríguez, OCD, ICS Publications, Edición revisada, 1991, p.471

[34] Juan 3:3

[35] Teresa de Avila, *The Life of St. Teresa of Avila by Herself,* Penguin Classics, 1988.

[36] *Man's Search for Meaning,* Viktor Frankl, Touchstone, Simon & Shuster, 1984.

[37] Juan 1:5

[38] Elizabeth Kubler-Ross y David Kessler, *Life Lessons: Two Experts on Death and Dying Teach Us About the Mysteries of Life and Living,* Scribner, edición actualizada 2014.

www.ingramcontent.com/pod-product-compliance
Lightning Source LLC
LaVergne TN
LVHW011418080426
835512LV00005B/124